基于业务管理的
班组长进阶式培训教材

《《《 个人管理 篇

国网河南省电力公司郑州供电公司　编

中国电力出版社
CHINA ELECTRIC POWER PRESS

图书在版编目（CIP）数据

基于业务管理的班组长进阶式培训教材 . 1，个人管理篇 / 国网河南省电力公司郑州供电公司编 . -- 北京 ：中国电力出版社，2025. 3. -- ISBN 978-7-5198-9715-4

Ⅰ . F426.61

中国国家版本馆 CIP 数据核字第 2024AE9231 号

出版发行：中国电力出版社
地　　址：北京市东城区北京站西街 19 号（邮政编码 100005）
网　　址：http://www.cepp.sgcc.com.cn
责任编辑：马　丹
责任校对：黄　蓓　郝军燕
装帧设计：郝晓燕
责任印制：钱兴根

印　　刷：北京世纪东方数印科技有限公司
版　　次：2025 年 3 月第一版
印　　次：2025 年 3 月北京第一次印刷
开　　本：787 毫米 ×1092 毫米　16 开本
印　　张：16.5
字　　数：273 千字
定　　价：66.00 元（全 3 册）

丛书编委会

主　　任　丁和平　王　磊

副 主 任　方　珂

委　　员　陈建凯　景中炤　冯志敏　赵　亮　程　昶　康少华　左魁生

　　　　　杨　潇　申全宇　唐翠莲　王　兵　费　鸣　丁黎晓　高　尚

　　　　　郜　阳　罗　玲　陈一潇　李依琳

编写组（个人管理篇）

组　　长　李俊华　刘朋辉　马瑞萍

编写人员　韩觐伊　李　航　谢文文　刘思聪　李建树　彭　波　郭　栋

　　　　　奚宇彬　刘倩玲　赵　杨

前　言

班组是企业的细胞，是企业管理的前沿阵地，班组建设发挥着强基固本作用。班组强则企业强，班组长作为班组的当家人和顶梁柱，是班组的指挥官和决策者。班组的一切任务都需要班组长来落实，班组的一切事务都需要班组长来处理，班组的一切人员都需要班组长来调配。班组长要管的不仅是人员、事务，还要管生产、管设备、管质量、管安全、管创新，从安全生产到质量控制，从班员激励到团队建设，从开源节流到自主创新，从班组例会到上情下达，从制度执行到人员分工，无一不需要班组长。

为加强班组长培养，打造一支技艺卓越、管理精湛班组长人才队伍，国网郑州供电公司组织开发了"郑光明"班组长岗位培训教材，本教材依托班组长岗位任务—能力素质二维模型，梳理精细化、实务化、模块化的工作步骤，并按照"强基""提升""超越"三个层级，梳理了班组长应知应会，并针对各模块内容提供了场景化的案例分析，有针对性地为读者提供了班组长管理场景、具体问题的解决范例。本书具备以下特点：

（1）以工作任务模块为教材大纲，紧密结合班组长岗位各项工作，针对班组长生产管理中各项困难及亟待解决的问题，提供知识和指导，帮助读者快速充电。

（2）侧重班组长管理思维、技巧的引导，从管理角度入手，着重对班组长的管理标准、案例进行全面分析，强化管理经验的总结提炼，便于读者理解与掌握。

（3）场景化案例教学内容设计，本教材每小节至少包含一个班组长管理案例，让班组长在学习过程中能够结合场景，拓宽班组管理思路。

目 录

业务管理篇　用实干诠释担当

个人管理篇

用奋进照亮初心

第一章
班组长"将尾"定位

【小节说明】定位不准，工作无功。一个优秀的班组长首先要清楚自己的角色：非官非民、亦兵亦将。要给自己一个准确清晰的定位，才能明确自己的职责，担起自己的使命，激活班组的"细胞"，成为企业领导和一线员工的"桥梁"，成为最得力的"兵头将尾"。

【学习目标】通过本节内容的学习能够正确认知班组长的地位，学会进行班组长角色转换，清楚班组长的使命和基本任务，更好地完成班组长的管理工作。

本节从以下三个方面阐述：

第一，明确班组长的角色定位；

第二，了解班组长的管理职责；

第三，认清班组长的真正使命。

一、班组长的管理定位

班组，是指为了共同完成某项生产（工作）任务，由一定数量的作业人员在统一指挥、明确分工和密切配合的基础上所组成的一个工作集体。班组虽小，但功能俱全，犹如麻雀的五脏。公司的安全生产、各种制度的传达、班员意见的上传等几乎都要通过班组实现。

班组的领导人就是班组长。班组长是班组中的生产、行政负责人，也就是班组的领导者。

（一）班组长是领导的助力者

班组长是领导的好助手，他能够辅助领导抓好生产，管好班员，提高生产效率，为企业创造利润。尤其是在生产现场管理方面，不管是人员调配、班员管理，还是设备管理、安全管理，班组长都挑起了重担。

（二）班组长是公司决策实施者

确切地说，应该是班组长的工作水平影响着班组决策实施效果的好坏，因为再好的决策最终也需要落实、执行。决策再好，如果不能有效地执行，还是达不到应有的效果。而在企业中，班组作为企业生产经营活动的基本单位，是企业生产决策的最终执行者。

（三）班组长是企业与班员的桥梁

班组长被称为"兵头将尾"，是上级各单位、部门与班员之间的桥梁，在工作中起着承上启下的作用。班组长既要把上级的决策传达给班员执行，又要把班员的意见反映给上级。

班组长作用很大，责任重大，所以，班组长不要觉得自己官小就不重视工作，不承担职责，不把自己当成"官"来严格要求，大大咧咧，拖拖拉拉，而应当树立威信，展示形象，行使权力，担负职责，才能做到称职、优秀、卓越。

二、班组长的管理职责

对于一个生产型企业来说，班组长是生产管理的主要负责者，其行为会直接影响企业的发展，好的决策能够促进企业的发展，班组长在企业生产管理中有很大责任，他们的管理不仅要对自己负责，也要对企业负责，要促进企业的发展，这样才是合格的管理者。

（一）协调日常工作任务

全面负责本班组的工作安排和任务分配，对本班组的正常工作负责，如稳定和提高产品质量、提高生产效率、减少浪费、降低成本；传达和认真执行上级命令，按照要求和各种规章制度开展工作；落实岗位安全职责，落实各项工作的安全防范

3

措施，确保各项工作顺利安全地开展；严格管理，健全制度，组织本班组内的各项活动，提高班组的整体生产能力和管理水平。

班组长是班组安全生产的第一责任人，对本班组的安全生产负责，主要工作包括：组织员工学习各项安全生产的规章制度和操作流程，开展岗位练兵活动；严格执行各项安全生产的规章制度和操作流程，制止甚至杜绝违章违规操作；定期安全检查，发现不安全因素以及可能存在的隐患及时消除并上报；不断修订完善应急预案，组织班组成员进行应急演练，对于突发事件能够及时有效地妥善处理。

对于公司来讲，班组长作为兵头，也是兵的一员，直接从事生产活动。班组长是班组成员的代表，班组长应该承担的责任包括：带头保质保量地完成工作任务；认真听取班组成员的不同意见和建议，整合解决并上报；班组工作出现错误，不推诿找借口，敢于承认错误直面错误，并积极改正错误；发扬创新精神，革新技术，持续改进产品质量，降低成本，提高生产效率。

（二）指挥生产经营活动

班组长要想正确行使生产指挥权与管理权，就必须遵循生产的客观规律；服从企业指挥系统的统一指挥；落实上级的生产指令；尊重班员的首创精神；抓好上下工序之间的衔接；把握产前、产中和产后三个环节；确保人机最佳组合，生产负荷饱和，节奏均衡紧凑。

班组长的管理权具体体现在以下方面：安排生产计划，分解指标；布置工作，分配任务；调度生产，内部协调，发出指令；对班组内部的劳动进行调配，实行优化组合；批准权限范围内的休假、替班、倒休的申请；执行劳动纪律，以维护正常的生产秩序；根据本企业的规章制度制订本班组工作的实施细则，包括贯彻公司与班组有关专业管理和民主管理的实施细则；以安规、运规各项规定对班组运行进行约束；执行本班组所规定的其他相关制度。

（三）整合技术力量战斗

从班组技术管理工作与设备运行的关系来看，技术管理越科学、到位，设备故障就越少，设备运行越稳定，可以说这是一个良性或恶性循环的关系。只有班组驾驭了设备，做了设备的主人，工作才会轻松；否则设备随时都可能"惹"事，班组不得不想尽办法去应急。因此，技术是一线班组的心脏，一个技术力量薄弱的班组，

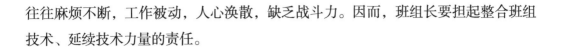

往往麻烦不断，工作被动，人心涣散，缺乏战斗力。因而，班组长要担起整合班组技术、延续技术力量的责任。

（四）做好台账监督记录

一线班组工作涉及设备台账、班组培训、物资存放、可追溯性记录等诸多方面，用千头万绪来形容绝不为过。班组长要承担起落实班员基础工作的责任。

（五）管好一线作业现场

执行能力是衡量班员工作态度的重要指标，班组长作为连接上层管理决策与一线工作实际的桥梁与纽带，对于执行能力的关注程度决定着班组的工作质量和安全。班组并不缺乏严密的规章制度，而是缺乏执行能力，班员在工作中往往会习惯性找各种理由去变通、体现自我，而管理者对于班员的执行能力多会表现出容忍或理解，使标准制度成为一种摆设，没有了约束力，就没有人愿意把标准制度作为行动指南。

三、班组长的管理目标

班组长的使命在于带领班组成员按时保质地完成生产任务，同时，尽可能地提高生产效率和产品质量，降低生产成本，防止工伤和重大事故，帮助企业实现创造利润的最终目标。一个班组需要一个灵魂，班组长就是这个灵魂；一个班组还需要一个文化氛围，需要班组长与班组成员共同努力，班组长要团结班组成员一起迈向正确的方向，这就是班组长的使命。有使命感的班组长易于带出超强的班组。

（一）提高生产效率

提高生产效率是指在同样的条件下，通过不断创新并挖掘生产潜力、改进操作和管理，能够更高效地开展电网业务运行工作。班组长要合理安排工作时间，善于区分重要工作和一般工作。作为一名班组管理员，在平时工作中应该把时间和精力集中在重要工作的管理，而不是样样都自己做；应该合理制订生产计划，计划尽可能周全、详尽，并要分清主次（紧急而重要的、不急而重要的、急而不重要的、不急又不重要的）；再根据其性质、难易程度合理分派给班组每个班员，这样就能做到有条不紊。

班员效率高不高，跟分配工作有密切关系。个人的精力和智慧与一个班组团队的智慧是无法相比的。作为班组长，只有把上司分配的工作安排妥帖，合理地分配给班员，才能高效率，高质量地按时完成班组生产任务，班组管理员也才可能有更多时间和精力做一些更重要、更有利于班组创新的工作。

（二）防止工伤事故

有了安全不一定有了一切，但是没有安全就没有一切。班组长一定要坚持安全第一，防止工伤和重大事故，包括努力改进机械设备的安全性能、监督职工严格按照操作规程办事等。大部分事故都是违规操作造成的，班组长有权依据国家的法规和政府有关部门的规定提出本人的意见，拒绝上级领导的违章指挥。当发现设备运转不正常、工艺文件不齐全、主要设备和原材料无使用说明书及合格证时，班组长有权暂停设备运转。班员违章操作时，班组长应及时加以制止，如操作者不听劝阻有权令其停止工作。

四、管理案例

【案例 1-1】新晋班组长如何开展管理工作。

（一）背景描述

某单位检修班班组长，从一线岗位通过努力一步步走上领头羊岗位，他始终把具体的能力放在第一位。在日常工作中，该班组长总是细心地检查每个班员的工作成果，一旦发现问题立刻亲自上阵，这无疑让他的工作十分繁忙，甚至连班组日常的管理和指挥工作都无暇顾及。但是在一线工作岗位时他并没有什么出色的工作业绩，甚至有些人对于他当选班组长还颇有微词，认为他并不具备出众的工作能力。

（二）存在问题

久而久之，班组业绩非但没有在该班组长这种事必躬亲的努力中蒸蒸日上，反而连最基本的工作都难以有序完成。而且在班组中总是听到这样的言论："他除了在工作能力上比一般人稍强，也没有什么领导才能嘛，跟着他干不但累，迟早还会丢了饭碗。"

（三）问题分析

对于该班组长在管理班组日常事务上的一些指令，很多班员也产生了抵触情绪。

（四）改进举措和方法

上任伊始，该班组长就确定了自己的提升方向，他利用大量业余时间努力学习管理班组的技巧，及合理利用人员配置的领导方略。没过多久，班组就进入了良性有序的工作状态，原本成绩平平的班组也屡次打破企业的班组生产业绩纪录。虽然该班组长并不擅长具体工作，甚至在某些问题上还要请教班组成员，但他却将班组的管理工作做得十分到位，他手下的每一个班组成员都感受到了前所未有的轻松。并且在指挥具体的班组工作时，该班组长也能让工作井然有序。很快，那些曾经对他能力不太信任的班组成员也开始佩服这位"低能"的班组长，后来，该班组长在班组中成功树立了威信。

（五）结果评析

通过本案例可以看出：班组长布置、分配任务前，要准备周全，但是在向班组成员交代时，应态度谦和，宜采用商量的态度。即使对自己的设想很有把握也要启发班组成员开动脑筋，提看法、拿主意，以完善指令。对于把握不大的设想，要虚心听取班组成员意见，汲取合理的部分加以采纳。即使班组成员没有意见，也要适当询问，以表示对其理解的程度。只有抱着信任、尊重、平等、虚心的态度，班组成员才乐意接受指令，并主动执行。

【模块小节】

班组长的职位特点可概括为：

（1）上顶下压。班组长是一个上压下顶的角色，就像三明治的夹心层，如果领导不满意，员工不配合，班组长就会很累，往往费力不讨好。

（2）天地人和。天和，班组长的头顶"天"即直接领导、职能部门，直接领导是资源提供者、管理参与者，如果直接领导不满意，班组长的工作肯定也不好做。地和，班组长的"地"就是班组成员，班组的业务运行、绩效的完成要依靠各班组成员，如果班组长得不到班组成员的认可和配合，班组的绩效就无法完成，所以班组长要获得广大班组成员的配合。

（3）兵头将尾。在企业中，班组长通常被称为"兵头将尾"。"兵头"是指班组长是一个"官"，"将尾"是指班组长是个"芝麻官"，基层管理者的角色比较尴尬，这就造成很多班组长工作时不自信。

（4）现场之王。基层管理者很重要，他们管的事多且杂，是现场之王。例如在生产现场，班组长面对各班组成员，就是企业管理的最前沿，所以，班组长要有管理的信心，把正确的事做对。这是基层管理者要关注的问题。

【思考与练习】

1. 为什么说班组长是企业领导和一线员工的"桥梁"？

2. 除了上述班组长的职责，结合你所在的专业谈一谈还有哪些职责？

第二章
班组长三大核心力

第一节　执行力

【小节说明】执行力是指有效利用资源按时保质保量达成目标的能力。执行力是一种工作态度、精神状态，是一种思想作风、工作作风，也是职业修养的具体体现。在班组建设中，打造执行力文化，班组长必须负起全责。没有执行力，所有的愿景、计划、方案都无法达到预期的目标。

【学习目标】充分理解班组执行力的内涵，明确现存执行力问题，了解提高执行力方式，从而加强个人执行力管理和班组执行力打造。

本节从以下四个方面阐述：

第一，理解执行力；

第二，执行力现状问题；

第三，个人的执行力管理；

第四，班组的执行力打造。

一、理解执行力定义

高效的企业运作流程就像一条先进的生产线，流程、技能和意愿构成影响生产产能的关键因素，即执行力铁三角（见图 2-1），各边边长越大，三角形面积越大，执行力就越强；相反，如果把三角形的任意一边向内移动，该边长变短，面积也变小，其他两边即使很长也产生不了效用，整体执行力就会下降。

在班组管理中，班组长的作用就是合理安排工作流程，充分调动班组成员热情，帮助提升班组成员工作技能，使三角形各边增长，从而最大化班组的执行力。

流程
指企业运作流程，包括管理流程和业务流程

技能
指企业管理人员的执行技能

意愿
指企业员工工作的主动性和热情

图 2-1　执行力铁三角

二、执行力的尺、速、力

班组作为企业的基层团队，执行力不足的原因是多方面的，除执行渠道不畅、小团体利益驱使、企业机制不顺等外部原因外，更应引起关注的是以下方面：

第一，尺度。决策方案在执行过程当中，标准渐渐降低，甚至完全走样，越到后面离原定的标准越远。

第二，速度。决策方案在执行过程当中，经常延误，有些工作甚至不了了之，严重影响了执行速度。

第三，力度。决策方案在执行过程中，力度越来越小，许多工作虎头蛇尾，没有成效。

三、个人执行力管理

（一）以身作则

班组长是班组各项工作任务的组织者和具体执行者，一言一行都要注意；做到严于律己，宽以待人，要求大家做到的事情，自己带头做到，禁止大家做的事情，自己坚决不做；始终想着自己是班组领头人，要严格自律，勤勉修为，做到正正派派为人、兢兢业业做事。

班组长是班组的带头人、领头羊，一言一行备受关注，必须以身作则，才会对班组成员产生潜移默化的影响，从而调动班组成员工作的主动性和积极性，提高工作效率和工作质量。

（二）沟通反馈

班组长要加强沟通，适时反馈，良好的沟通是成功的一半。班组长与上级沟通，了解工作思路、工作重点及实施步骤，获取最新的管理信息；与其他班组长沟通，互通有无，交换工作经验及对每项任务的看法和做法；与班组成员沟通，了解其工作、生活、家庭方面的困难、需求以及对本班组的建设性意见。通过有效的沟通，再结合工作实际和工作经验，找出班组管理工作的最佳切入点和结合点，才能提高执行力，高效完成工作。

执行的好坏要通过反馈来得知，反馈的信息为班组长需提高的方向提供了重要参考。

四、班组执行力打造

（一）设立清晰目标

设立清晰的目标并确定实现目标的进度，这个目标一定要可衡量、可检查，不能模棱两可。一旦确定目标，就要层层分解落实，所谓"千斤重担有人挑，人人头上有分担"就是这个道理。

（二）合理安排执行

要挑选合适的执行人。执行的首要问题实际上是人的问题，因为最终是人执行企业的决策，并反映企业的文化。柯林斯在《从优秀到卓越》中特别提到要找"训练有素"的人，要将合适的人请上车，让合适的人做合适的事并分享合理的报酬。

（三）确定执行期限

当目标确定后，就必须着手执行。如果没有明确的期限，在执行上必然会拖拖拉拉。作为一个团队，完成任务必须要讲效率。期限设立的要点：时间精准、长短合理、富有挑战性、得到团队的整体确认。

（四）明确检查流程

作为员工，对待要检查的事情，一定会认真对待，并想办法完成。因此没有检查，就没有执行。检查要落实到人，应委派身先自律、廉正无私、坚持责任的人完成检查工作。

（五）实施奖勤罚懒

多表扬，少批评，多用奖励，慎用处罚，与重奖重罚并不矛盾，关键是怎么使用。实行前，必须要用严肃的态度告知员工；奖励时，一定要把握好时机，以达到能够明显促进班组工作、调动大家积极性的目的；处罚前，一定要反复衡量，以罚得心服口服、罚得确实警示大家为标准。

五、管理案例

【案例 2-1】班组成员矛盾大，班组管理有妙招。

（一）背景描述

某公司某维修班安全管理混乱，班组成员间矛盾重重，年年发生人身事故，换了几任班组长依然没有变化。工区领导只得派了一名班组长到这个班组。

（二）创新亮点

工区领导利用安全学习日亲自将班组长送到班组，并要求班组长先发表"讲话"，希望他大讲"如何严格管理"。到班组后，新班组长却只讲了三句话"1. 班组制度不变；2. 制度规定咋办就咋办；3. 一切作业按规程办。"工区领导对此很不满意。可不到半年，这个班组安全、生产、团结都发生了巨大的变化，年底第一次被评为公司级先进班组。

（三）主要做法

班组成员没变，制度没变，生产任务没变，变的是执行规程制度的人，而管理效果差距如此之大，可见，执行力不同，管理效果明显不一样。

（四）结果评析

第一，班组是以完成既定的生产目标为终极结果。能否安全、高效地完成生产任务，班组长的执行力是关键。

第二，班组长的主要管理任务不是"管住人"的问题，而是不断强化班组成员对安全生产制度和规程的执行力的问题。

第三，执行力的强弱与安全生产的责任感息息相关。班组长的执行力差，就难以合理为班组成员分工，及时完成生产任务。

【模块小节】

一个班组的效率如何，班组长的执行力起着非常重要的作用。班组要成为一支思想文化素质高、基本管理技能精、综合业务水平强的骨干队伍，班组长必须自身业务精，才能带出执行力强的队伍。通过班组长自身的示范和榜样作用，把自己过硬的技术和作风潜移默化地传导到班组成员身上，从而提升班组整体的执行力。

【思考与练习】

1. 如何理解班组长的执行力？执行力包含哪些方面？结合班组实际情况谈谈你对执行力的理解。

2. 在执行力方面，你认为自己是否做到了以身作则？还有哪些方面需要提升？

3. 你认为所在班组是否存在计划时常延误、执行速度缓慢等现象？若存在，你该如何解决这一问题？

第二节　学习力

【小节说明】学习力是把知识资源转化为知识资本的能力。在当今的经济社会中，一切都与学习有着密切的联系，学习力在班组管理工作中至关重要。懂得不断学习的班组长，才能很好地运用自己的知识来提升班组的工作效益，为班组创造出更为优异的成绩。

班组长的学习力包含以下三个方面：

第一，学海无涯，方法是成功的捷径；

第二，虚心请教，向更优秀的班组长学习；

第三，学以致用，理论与实践相结合。

一、学海无涯

方法是成功的捷径，孔子曾经说过："学而不思则罔，思而不学则殆。"这句话教育我们要不断学习。班组长想要带出一个成功的团队，成为一名优秀的班组长，就要通过不断学习来增强自身的能力，如图 2-2 所示。

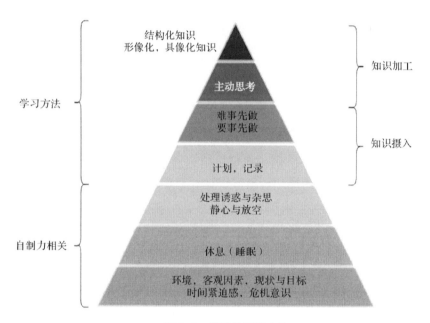

图 2-2　学习的正确方法

学习对于每个班组长、每个班组成员都很重要，学习既要刻苦，也要掌握一定的方法，正确的方法是获得成功的捷径。

有些班组长虽然肯学习，肯吃苦，但是不知道学习的正确方法，所以不能很好地学习，学习上也没有什么成果。往往是付出了很多的努力，却没学到什么，导致自己灰心、沮丧。

善于学习，找到正确的学习方法是大部分优秀班组长的必备素质。优秀班组长与普通班组长的最大区别就是不仅知道学习，还知道寻找学习的方法，从而更快地收获学习的成果。

二、虚心请教

向更优秀的班组长学习。班组长在自我成长的道路上，要学会虚心求教，这也是班组长自我管理的重要一环。班组长不能盲目认为自己学到的知识足以应付各种工作，要学会向比自己更优秀的班组长学习。

成长为一名优秀的班组长所走的道路漫长且艰辛，但是并不代表成为优秀的班组长就可以"目空一切，高高在上"。每个班组长都要知道"山外有山，天外有天"，班组长要向优秀的班组长学习，优秀的班组长要向更优秀的班组长学习。只有不断地学习深造，才有可能保持在先进的行列之中。

优秀的班组长不会满足于现状，而是积极进取，通过不断学习补充自己的头脑，弥补自己的不足。只有这样，才能更好地完善自我，带领班组在工作中不断创造佳绩。

三、学以致用

理论与实践相结合。无论是班组管理知识还是专业知识，若不能合理运用到实践，终究是纸上谈兵。优秀的班组长能够做到学以致用，因为知识只有用到工作中才能发挥它应有的价值，只会学知识而不会用，那就是"傻学"而不是"智学"。只有通过实践让班组长对知识获得了良好的认识，才能更好地发挥自己的能力，打造出一个优秀的班组。

学以致用不是一下子就能学会的，需要在一次次的尝试中接近事物的本质，找到最佳的解决办法。此时，班组长不要有"一蹴而就"的心理，更不要操之过急，知识的积累和实践都需要一定时间，逐步深造才能有更深刻的了解。

学习知识的最终目的是用知识武装自己，将知识变为班组发展的生产动力。目标明确才能对症下药，班组长更了解所学的知识，才能更好地加以利用，为班组创造出更好的成绩。

四、管理案例

【案例 2-2】班组长的技能"优势"效应。

（一）背景描述

"在知识中获得生存"这是某供电公司检修核心班组门前的一条横幅。这条横幅生动地说明了这个班组的核心原则，也解释了为什么这个班组能成为公司高层领导者最关注的核心班组。

（二）创新亮点

由于某员工工作上积极努力，且知识渊博，2000 年升任为班组长。然而他并没有因为升任为班组长就不再学习。工作之余，他仍旧钻研经济类的书籍，并鼓励班组成员一起学习。班组成员在学习中领悟到了更多的知识，工作时更加得心应手，班组的工作效率渐渐提升。而班组长也因为钻研经济类的书籍获得了更多的知识，并研究出了一套又一套简单实用的工作方法。

（三）主要做法

该班组长时常跟班组成员说："想要获得成功，想要站在顶峰，就要不断地学习、学习、再学习。用知识武装自己的头脑，用知识武装起来的人是永远不会失败的。"

（四）结果评析

班组成员听取了该班组长的教诲，也继续努力学习。由于班组成员的知识丰富，班组的成绩一直直线上升。

【模块小节】

养成学习习惯并不是一件容易的事情，很多班组长因为工作太忙没有时间学习或是难以坚持下去。以下几种学习小妙招，可供各班组长借鉴。

1. 建立学习目标

根据自己的能力制定合适的学习目标，切勿急于求成，只有一步一步地实现小目标才可达到大目标。有了目标，就知道应该学习哪些东西、补充哪些知识、解决哪些问题，就有了明确的方向和学习的动力。

2. 准备学习条件

最基本的学习方式有两种，一种是跟着别人学，一种是跟着书学。在班组层面，老员工就是很好的学习榜样，他们可能并非科班出身，但在技术层面上是一把好手，在管理层面也有自己独特的见解，这都是"触手可及"的学习条件。

3. 总结与改进

只有阶段性地进行总结，才能及时纠正学习中出现的偏差，校正学习的方向；才能有效地巩固所学，去粗取精，去伪存真，结合实践对知识进行取舍和扬弃，从而明确下一步学习的重点。

【思考与练习】

1. 班组长有哪些有效的学习方式?

2. 班组长学习力的养成对班组管理有哪些益处?

3. 怎样将理论知识与实际工作相结合?

第三节 领导力

【小节说明】领导者的领导力不仅取决于职位,更取决于自己的领导才能、品德、学识、人格魅力。班组长成为基层管理者后,更应该加强个人修养,成为班组成员的良师益友,赢得班组成员的信任,让班组成员从内心敬佩,最终成为班组的灵魂,成为合格的基层领导。

【学习目标】通过对本节内容的学习,认知自己的领导行为,有效处理各种领导场景,掌握提升自身领导技巧的思路。

提升领导力有"三个必须":

第一,必须提高班组决策的谋略能力;

第二,必须提高班组的凝聚能力;

第三,必须有工作上的创新能力。

一、班组决策谋略

班组长必须提高班组决策的谋略能力,深谋远虑属于谋略策划范畴,是对领导全局工作的长远规划。练好基本功,是一个基层班组长的基本要求,它关系到一个班组的决策方向和工作好坏的标准等。所以一个班组的"班组长"应该在把握上级决策的基础上,结合本班组实际情况,创造性地制定本班组工作的突破口。这是一把手的经常性工作,也是基层班组长必须练的基本功。

(一)增强思维独立性

班组长是一个班组的决策的关键人物,必须具备较高的独立思维能力,不能事事依赖上级,也不能照葫芦画瓢,要发挥自己的主观能动性,善于拿出符合本班组实际情况的工作办法。学习借鉴先进的班组的经验也要防止生搬硬套,做到善于移植，形成自身特色。

（二）增强思维创造性

现场管理工作瞬息万变。决策的特点是：随机因素比较多，变化快，决策的层次化空前复杂。这就要求班组长必须有创新知识和创造性的思维能力，敢于打破常规、接触新事物，涉足新领域。

（三）增强思维综合性

基层班组工作，涉及的面比较宽，必须考虑各种情况，养成综合性、多向性思维的习惯，开阔思维视野，学会从客观上把握全局，分析问题，站在全局的高度思考问题。既要考虑有利因素，可能带来的影响，做到统筹兼顾，防止漏洞；又要把握多种思维方式，把顺向思维和逆向思维、静态思维和动向思维、定性思维和定量思维结合起来，把大量的新情况、新问题综合比较，把局部和全局共性和个性等情况进行多角度、全方位的综合思维；把零散的思维成果，加工成为揭示事物本质，简明扼要的结论，提高综合思维，全面思考问题和在复杂工作中的决策能力。

（四）增强思维发散性

注重调查，精通业务，提高对本班组长远目标和近期目标的设计能力，这就要求准确地把握本班组的工作实际、发展趋势，及全体班组成员的承受能力，紧紧抓住关系本班组工作进度的关键问题并进行设计，严格按决策程序，依靠集体智慧。

二、班组凝聚号召

实际工作中，有的班组长对正确的意见集中不了、对本级分歧意见统一不了、对错误认识纠正不了，很大程度上是因为班组长在中层和基层员工心目中的威望不高。可见，班组长在班组具有一定的影响力、号召力和凝聚力，对决策能力有很大影响。

做表率给人以敬佩感。一项决策做出以后，要有各方面的支持，要有许多人执行，让全体班组成员对所作出决策持积极态度，是决策成功的一个不可忽略的因素，班组长要以其言正身，说的做的都要为部属作表率，时刻注意自我形象的塑造。如果处理一个人或一件事时不谨慎就可能在领导和班员面前丧失威信，没有威信，谈何决策能力？提高决策能力必须使班组成员对班组长有敬佩感，调动各方面的积极性，落实决策才能有可靠的基础保证。

积极进取增长才干给人以信赖感。一般情况下，班组长在班员中的影响力与自身的学识才干成正比。市场经济和知识经济竞争日趋激烈的形势，给基层班组长提出了改善知识结构，尽快适应形势发展需要的问题。要认识到自己的知识水平与职务需要还有差距，激发自己求知若渴之感，还要认识到广大班组成员的文化素质、知识水平在不断提高，在这种情况下，如果不能做到"水涨船高"，就有被"班员知识之水"淹没的危险。只有领导知识功底雄厚，才能适应形势的发展，不断提高决策能力。

作风民主以律己给人以舒畅感。事实说明，唯我高明、独断专行、文过饰非的班组长，不可能正确发挥集体领导决策作用。重大决策是考验班组长智能的"团结赛"，每个班组成员的智慧得不到充分发挥，都可能给正确决策丢失分数。所以在决策论证问题时，要充分发扬民主，各抒己见。只有这样，才能体现群体意志，才能有号召力。严以律己，要求下级做到的自己首先要做到，要敢于推功揽过。在荣誉面前要做到不伸手，在失误面前要主动承担责任。这样才能够形成一个思想放得开、互相信任、心情舒畅的班组整体，为正确决策创造良好的思想氛围。

三、工作创新创效

决策以改变现状为前提，是一项创造性的活动。从这个意义上讲，没有创新就没有决策，提高基层领导的创新能力与提高决策能力的联系最直接、密切的，应把握好以下问题。

（1）要弄清求实与创新的辩证关系，把创新建立在讲科学、求实效的基础上。由于习惯思维，在对求实与创新的理解上，往往有片面性、简单化的倾向；讲求实，往往因循守旧，不针对班组具体情况制定工作措施；讲创新，有时注重在形式上做文章，不重实效。在工作实践中必须弄清二者的辩证关系：求实意在务实，一切从实际出发，讲究工作效率和实效，创新就是发展。在务实的基础上摸清规律，用新思想、新方法解决新问题。

（2）注重调查研究善于从广大班组成员中汲取营养。班组长个人的知识能力是有限的，只有将自己置身于班组成员中，调查研究并虚心听取班组成员意见，取长补短，才能做出更正确的决策。调查研究是决策准备阶段的基础工作，制约着决策的精度和质量。基层班组长必须坚持把决策的重心放在深入班组成员和调查研究上。

四、管理案例

【案例2-3】高效沟通让班组运营更顺畅。

（一）背景描述

某变电班新晋班组长，因为在班组里年纪最小，所以刚开始遭到部分班组成员的排挤。

（二）存在问题

有一次，班组长让一名班组成员去办公室领取劳保用品，连续说了三遍，该班组成员都没有行动。讲到第四遍时，班组长非常气愤，以生硬的语气质问"你是拿还是不拿啊？"虽然后来班组成员去了，但第二天就提出了辞职。

（三）问题分析

这件事对班组长的感触很大，他不断地反省自己：如果自己被比自己资历浅的人叫去干活，心里肯定也不高兴，以后和班组成员沟通时一定要注意语气和方法。

（四）改进举措和方法

自此以后，班组长尽可能站在班组成员的角度去考虑问题，下达指令也不是用生硬的口吻，而是以商量的口气说"你去做这件事可以吗？"他经常和班组成员沟通，遇到事情也和班组成员倾诉，让大家一起想解决的办法。不久，该班组的日常工作就不再需要他每天强调，而是班组成员主动去做了。

（五）结果评析

班组凝聚力建设和士气管理是班组管理的重点，只有把班组成员团结起来，拧成一股绳，才能克服困难，完成任务。要处理好自己与班组成员之间的关系，班组长首先要尊重、信任、理解班组成员，可以定期召开班组沟通会，了解每个人的具体情况，必要时提供力所能及的帮助。

【模块小节】

基层单位的领导力是其安全工作的动力。基层单位的领导具有双重角色，一方面承上启下，传递上级领导的要求和工作安排、指令，是管理者角色；另一方面，在基层单位的组织中，也要有目的、有意识地引领操作人员完成工作目标，是领导者角色。

【思考与练习】

1.许多人认为业务能力决定领导力，你认为业务能力和领导力是否具有直接关系？

2.你认为提升领导力的要点是什么？

第三章
班组长三大管理法

第一节　情绪管理

【小节说明】一个人的心态很重要，心态决定状态，状态决定结局。对于班组长，更需要一个良好的心态来面对工作，面对每天纷繁的事务。因为班组长角色特殊，"兵头将尾"，工作繁多，因此，班组长一定要学会调节，自我减压，消除压力带来的不良情绪，保持良好的心态。

【学习目标】了解情绪的定义和基本类型，结合实际工作中的压力找到合理的缓解办法，通过学习更深层次的情绪管理心理法则使自身情绪长期处于稳定状态。

本节从以下四个方面阐述：

第一，班组长的情绪类型；

第二，情绪管理的基本步骤；

第三，情绪管理的实用方法；

第四，情绪管理四个深层心理法则。

一、情绪类型定义

班组长由于个人经历不同、所处工作环境不同等因素，会形成不同的情绪特征，作为一线的"指挥官"，班组长如果了解自己的情绪类型，进而学会有效地把控自己的情绪，有益于工作和身心健康。从心理学和管理学的角度，班组长的情绪可以分为以下 10 种类型：

第一种，焦躁易怒型。这种类型的班组长缺乏"城府"，遇事沉不住气，常常对班组成员发脾气。这种班组长很难树立威信，说的话也很难形成"执行力"，班组成员要么阳奉阴违，要么直接对着干。

第二种，紧张惶恐型。这种类型的班组长非常在意上级领导对自己的评价，不折不扣地执行上级领导的指示，对班组成员期望值很高，管得很严，力求把工作做得尽善尽美，结果是领导比较满意，但班组成员容易变得性格封闭，过分胆怯，班组气氛不好，令人压抑。

第三种，敏感懦弱型。这种类型的班组长常表现为多思多虑，谨小慎微，遇到事情他人一反对，就没了底气，缺少决策的魄力。

第四种，多愁善感型。这种类型的班组长时常表现出消极情绪，怨天尤人，总认为自己比不上别人。此种情绪具有较强的感染力，使班组成员也变得多愁善感，不利于班组文化的建设。

第五种，冷漠孤僻型。这种类型的班组长表面看上去很平静，但内心很孤独，充满矛盾。他们对事物缺乏兴趣，对工作没有激情，对班组成员缺乏亲和力，人际关系较差。

第六种，表里不一型。这种班组长对领导的态度是一个样，对班组成员的态度是另一个样，把个人利益看得很重，见风使舵，常常为了个人利益，不惜违心地说话，违心地做事。

第七种，轻松活泼型。这种班组长乐观平和，善于处理人际关系，宽以待人，应变能力较强。所管理的班组成员关系融洽，工作气氛轻松。

第八种，开朗豁达型。这种班组长心胸开阔，凡事想得开，能容人容事，班组成员都愿意和他交朋友。

第九种，深邃稳定型。这种班组长有较深厚的修养，遇到事情能够镇定自若，有较强的自信心，敢于直面挫折和困难，在班组成员中有很高的威信和感召力，常常被班组成员视作兄长或师长。

第十种，幽默机智型。这种班组长头脑灵活，善于用幽默的语言化解尴尬的气氛，用快乐去感染和影响班组成员，用机智灵活的办法处理工作中的难题，深得领导和同事的喜爱。

可以看出，以上 10 种情绪类型中的后四种情绪是班组长应该着力培养和形成的。班组长要学会用理智的头脑控制自己的情绪，也要学会用快乐和健康的情绪感染和同化班组成员，营造健康向上的班组文化氛围。

二、情绪管理步骤

第一步，要磨炼自己的意志。古往今来，凡是取得成功的，都是充满自信并善于自我激励的人。拿破仑说"在我的字典里没有不可能这样的字眼。"一个连自己都不能激励的人是没办法率领大家渡过难关的。

第二步，要改变部分错误认知，学会乐观面对人生。无论是工作还是生活，每个人每天都要面临各种挑战，只有懦夫才把自己装进"套"中，回避困难。应该把挑战当作对自己的考验，当作锻炼自己、提高自己的机会。

第三步，调整目标或标准。焦虑者往往是过分追求完美的人，他们只能成功，不能失败，甚至不允许有一丝瑕疵。这种特质虽然有值得赞许的方面，但也可能因小失大。要学会客观分析形势，适当调整目标，不必凡事要求一蹴而就，要懂得"积小胜为大胜"和"迂回取胜"的道理，反而会取得更大成功。

第四步，学会放松。俗话说"凡事要拿得起，放得下"。工作时全力以赴，其余时间可以选择一些比较轻松的事情去做。即使是非常敬业的人，也需要有忘记工作、享受娱乐的时间。因为这样才能迅速恢复体力，以更加充沛的精力投入工作。

三、情绪管理方法

第一，培养艺术类兴趣爱好，如琴棋书画、唱歌等。艺术类的活动都能给人发泄感情的空间，不需要做得多好，关键是既有兴趣，又能抒发情感。

第二，身体锻炼方面的活动，如健身、打球、跳舞。想象着坏情绪像球一样被打出去，或者随着汗水挥洒出去，会有一种痛快的感觉。运动不仅有益于情绪及身心，还能消除郁闷。

第三，身边要有三两个知心人，心情不好时随时能倾诉、分享各自的烦恼（在心理咨询中，辅导员一般会让当事人列出几个名字，并讨论当事人对名单中亲友的信任度）。所谓"分享的快乐是加倍的快乐，分担的痛苦是减半的痛苦"。

第四，通过记日记理清思绪。纸上写得越多，积压在心里的坏情绪越少。在写日记的过程中，可以对过去发生的事总结经验，并更加客观地对待。在心理辅导过程中，心理学家有时会让当事人总结出一些警句和座右铭，在关键的时候能够自我激励。

第五，在工作之外的空间里给自己创造一个愉快的生活环境，如音乐、熏香、柔和的灯光等，或将自己置身于心旷神怡的自然环境中，从生理上来舒缓紧张的神经。

此外，要了解自己的情绪变化，知道什么样的生理、心理或外部因素会影响自己的情绪，在预测到自己会因为某事陷入情绪低谷时，可以用上述方式"打预防针"。能及时告知周围的人，获得他们的支持和理解。

四、情绪管理法则

（一）改变事情定义

有一句话说得好"我们没有办法阻止事情发生，但我们可以决定这件事带给我们的意义。"你可以选择是"问题"，亦可选择是"机会"，结果总是如你所愿。"敌人是你最好的老师"，这就是选择"机会"，想一想"机会"在这件事中带来的教训、警惕，下次避免重蹈覆辙，这就是将"问题"转化为"机会"，因此你的定义就是你的结果。

（二）改变人物画面

研究发现，人的大脑对数字、文字很难记忆，对画面却很难忘记，不快乐是因为脑海中有不愉快的画面。因此，修改脑中画面，创造活力，是决定我们幸福人生的枢纽。迪士尼乐园中深受大家喜爱的米老鼠，经由华德迪士尼借着画面转换，把人们最讨厌的老鼠转换成欢乐的象征，你也可以。

（三）改变对自己问话

一般情况下，当他人说你好，但你认为不好时，结果一定是不好；当他人说你不好，但你认为好，结果永远是好。无论发生任何事，问自己两个问题：第一是这件事带给我什么样的经验及教训？第二是我该如何做才能将这件事处理得更圆融、更好？

（四）改变学习人物

"物以类聚，人以群分"是大家耳熟能详的一句话，它的意义是你是什么样的人、你的生活如何，一般可以从身边交往的朋友看出来。悲观的人身边大部分都是悲观者，而乐观的人身边多为乐观者。因此，要管理好情绪，设定人生学习榜样，在生活、工作中快乐地学习与成长。

五、管理案例

【案例3-1】如何结合管理薄弱环节加强员工思想动态管理建设。

（一）背景描述

针对供电所管理过程中存在的薄弱环节，围绕省电力公司供电所管理提升年所确定的八项重点工作，大力加强供电所基础数据材料完善工作，加强 GPMS、SG186和用电采集信息系统的应用工作，加强思想政治工作和企业文化建设，促进供电所各项管理工作的提升。

（二）存在问题

（1）将农电用工改为由市农电服务公司直签合同后，供电所员工对国家电网有限公司普遍缺乏归属感和认同感，对农电服务公司管理方式不认可，思想上有较强的抵触情绪。

（2）由于工资收入低、家庭负担重，员工要求提高工资、福利待遇，实行同工同酬的意愿很强烈。

（3）基础管理工作薄弱，一线员工用工严重不足，一人多岗现象普遍。

（4）工作压力大、考核多、任务重，优质服务要求高、没有底线，各种临时性工作要求完成的时间紧，根本不考虑基层供电所的承载力，导致员工工作的主动性、积极性不高，应付了事。

（5）供电所对标准化建设没有认同感。

（三）问题分析

以供电所管理提升工程为契机，以解决问题为导向，以标准化建设为抓手，以夯实基础为重点，以绩效工分为手段，以企业文化建设为要求，全面加强供电所短板建设，实现供电所管理提升目标。

（四）解决举措及方法

（1）梳理对照省电力公司《关于管理示范供电所建设要求》《关于规范供电所资料管理的通知》文件要求，本着"满足管理需要，统一优化提升"的原则，将资料精简与实施供电所管理提升工程紧密结合，进一步加快信息系统建设，逐步实现资料编制"自动化"和存档"无纸化"，切实减轻供电所负担，提高工作质量。要求以供电所所长为第一责任人，分管领导负责具体组织协调，相关专业部门与专责按职责承担相应工作，常态化开展供电所标准化建设与资料归档工作。把供电所工作情况纳入供电所月度绩效考评。

（2）以标准化供电所建设为抓手，推广资料台账管理标准化。充分利用SG186、配电GPMS、用电信息采集系统，将生产、营销管理过程中生成的记录、台账和数据等基础资料进行统一的实时录入整理归档，在供电所电脑上资料台账区域共享，进一步深挖关键指标薄弱环节，以每月同业对标指标值，指导供电所日常管理。

（3）以夯实基础管理为重点，加强供电所设备运维管理，试行定期轮换"网格化"设备主人运维管理工作。根据线路走向、行政村划分等情况按方便设备维护、提高运维效率的原则，将维护区域按"网格化"进行运维片区单元划分，将管辖的配电线路、台区与表箱指定配电、营销组维护人员作为设备主人，按要求完善线路走廊树竹台账、设备名称、标识等；对日常巡视工作中发现的安全隐患由设备主人负责维护处理，做到闭环管理。

（4）全面推行供电所绩效管理，积极开展员工"工作积分制"。根据不同专业管理职责，细化供电所管理提升工程专业指标完成情况表和供电所工分库，确定不同的关键绩效指标和权重分值，建立了利益分配与业绩挂钩、分工明确、责任清晰、相互制约的激励约束机制，有效激发了员工责任意识和工作积极性。

（5）以企业文化建设为要求，供电所党支部积极配合党群部开展企业文化建设试点，利用办公走廊、公开栏、围墙等设置企业文化建设宣传展板、挂图等，加强员工对国家电网有限公司的归属感和认同感教育，将国家电网有限公司使命、宗旨、愿景、企业精神和核心价值观宣传贯彻到每位员工，形成共同的思想认识和一致的价值取向，切实转化为员工的群体意识、自觉追求和行为习惯，促进各项工作正常开展。

（五）结果评析

围绕省电力公司供电所管理提升年所确定的八项重点工作，大力加强供电所基础数据材料完善工作，加强思想政治工作和企业文化建设，促进供电所各项管理工作的提升。使同业对标全区排名第一，对辖区供电所开展了标准化供电的检查考评，考评认定6个供电所均达到示范供电所评价标准以上。

【模块小节】

心理学家认为：情感是一种态度，是对自身心理需要是否得到满足的反映，情绪则是人内在情感的外在表现，喜怒哀乐人皆有之。情绪本身没有好坏，但情绪的表达有合适与否。因此，在面对问题和困难时，要积极面对，控制情绪的升级和引爆，选择最适合的情绪表达，从而发挥情绪的价值。

【思考与练习】

1. 为什么班组长总感觉压力大？"一个篱笆三个桩"，班组的"桩"在哪里？

2. 你认为目前你属于哪种情绪类型的班组长？你想成为哪种类型的班组长？

3. 根据上述缓解压力的方法，你认为哪种对你来说最为有效？

第二节　时间管理

【小节说明】 时间对任何人都是公平的，每个人每天都拥有24小时，可为什么有的人在工作之余还能坚持跑步、写作、阅读等？有的人却每天手忙脚乱最后却一事无成呢？其秘诀是"时间管理"。

【学习目标】 通过对本节内容的学习，认识时间管理，了解时间管理的原则，学会合理计划，掌握时间管理基本方法。

本节从以下两个方面阐述：

第一，计划是时间管理的依据；

第二，主次分明是时间管理的准则。

一、时间管理依据

计划是时间管理的依据，是合理配置资源、减少浪费、提高效益的方式，是降低风险、掌握主动的方式，是管理者制订控制标准的依据。计划阶段首先要明确实施该项管理活动的目的、是否有必要实施，然后分析该管理活动目前的状态，尽量用简单具体的数字来表示；接下来根据对现状情况的分析，设定实施该管理活动的目标。为确保达到设定目标，必须找准推进管理的组织及执行的方法；为使员工全面参与和理解，在把握现状时，需列出典型事例。根据功能性质，计划可以分为生产计划、财务计划、人事计划；根据对象范围，计划可以分为综合性计划和专业性计划；根据影响程度，计划可以分为战略性计划和战术性计划。

作为班组长，在班组里实行计划管理至关重要。有计划，并严格按计划实行，做到"日事日毕，日清日高"，管理就会见到成效。计划制订后，要将计划的每个步骤、每个环节落实到每个班组成员身上，要让班组成员做到"人人有事做，时时有事做"，才能有效地将班组成员调动起来，达到计划的效果。此外，班组长还要严格督查班组成员在计划实施过程中的情况，既要事事落实到人，还要层层督查到人，如果某位班组成员没有完成计划目标，就得将责任具体落实到这位成员身上。因为只有严格加强对过程的管理和监控，才能确保计划的有效实施。

二、时间管理准则

主次分明是时间管理的准则，时间管理是指通过事先规划和运用一定的技巧、方法与工具实现对时间的灵活以及有效运用，从而实现个人或组织的既定目标。对于班组长而言，时间管理相当重要。只有高效的时间管理和周密的计划相结合，才能让时间得以最大效率地发挥作用，让工作不赶不拖，准时完成。最简单的时间管理方法就是合理安排各种工作事务活动，比如重要且紧急的事情要先完成，这种方法称为四象限法则，如图 3-1 所示。

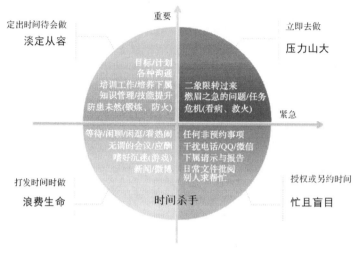

图3-1 四象限法则

（一）重要而且紧急（时间分配在20%~25%为合理）

没什么好说的，立即去做！工作中的主要压力来自第一象限，其实第一象限80%的事务来自第二象限（重要但不紧急）没有被处理好的事情，也就是说这个压力和危机是自己给自己的。所以关键尽可能多解决来自第二象限的事情，才可减缓压力。很多事是因为一拖再拖或事前准备不足，才变成迫在眉睫。

该象限的本质是缺乏有效的工作计划导致本处于"重要但不紧急"第二象限的事情转变过来的，也是传统思维状态下管理者的通常状况，就是"忙"。

（二）重要但不紧急（时间分配在65%~80%为合理）

有计划去做！不能因为不紧急就不解决，应该第一时间将任务进行分解，然后一个个解决，并制定时间表。在规定的时间内完成就不会让第二象限的事情偷溜到第一象限中。

荒废这个领域将使第一象限日益扩大，从而陷入更大的压力，在危机中疲于应付。反之，在这个领域多投入一些时间有利于提高实践能力，缩小第一象限的范围。事先做好规划、准备与预防措施，第二象限的事情不会被催促，所以必须主动做，以发挥个人领导力，这也是传统低效管理者与高效卓越管理者的重要区别。建议管理者把80%的精力投入第二象限的工作，以使第一象限的"急"事无限变少，不再瞎"忙"。

（三）不重要但紧急（时间分配在 15% 左右较为合理）

尽量别做！疲惫时，可以做一些不重要且不紧急的事情，但是不要投入过多的精力，以免焦头烂额。

（四）不重要且不紧急（时间最好能控制在 1% 以下）

交给他人去做！第四象限的事是忙碌且盲目的源头。最好的方法是放权交给别人做，或者通过委婉的拒绝以减少此类事务的发生。

三、管理案例

【案例 3-2】班组建设的具体实施策略。

（一）背景描述

某班组参照国家电网有限公司《关于加强班组建设的实施意见》修订班组管理标准，修订完善班长、副班长、技术员、配电安装工岗位工作标准。通过梳理工作标准，使各岗位分别对应相对应的工作内容，做到凡事有人负责、凡事有人监督、凡事有据可查，落实岗位责任制，健全制度，推进班组建设。

（二）存在问题

（1）思想不统一，对班组建设不上心，认识不足。

（2）工作中存在分工不明责任推诿等问题。

（3）对新增的各种专业技能的掌握不够全面。

（三）问题分析

（1）班组建设前期部分员工对班组建设有误解，表现出不理解、不积极、不支持等现象。如：班组建设工作是领导、管理部门和班组长的事情，与自己无关，主观上只注重工作任务是否完成，而忽视了制度、规范的建设管理；对于班组建设限于表面，缺乏深入、持久、全面的计划、安排和目标，甚至仅仅为了应付检查。因此，要从客观认识的误区入手，认真分析、思考，教育、引导员工，在提高认识的基础上，转变态度，充分调动和发挥每个员工的积极性和创造性。

（2）要使职工树立起不等、不靠、不推、不拖的作风和主人翁思想，从一点一滴做起，把班组建设创建活动贯穿于日常生产、工作和生活中，使班组建设成为顺利开展安全生产的有效保障和动力。

（3）经过多种形式的培训，班组成员的专业理论水平和技能操作水平都得到了迅速提高。在专业技术比武中获得优异成绩；在各类技术抽考和安规考试中均取得了不俗的成绩。

（四）解决举措及方法

（1）统一思想和行为，充分认识班组建设的重要意义。随着电力改革的不断深入，班组建设的重要性逐渐被越来越多的人所认识和重视。班组是企业实现自我，发展壮大的有效载体。班组建设搞好了，企业的基础才能够稳固，基础稳固了，企业才能发展，企业发展了，职工的收入和"幸福指数"才会"水涨船高"。

（2）提高班组成员对班组建设意义的认识水平，从而自觉投身到班组建设中，把企业的利益和自身的利益紧密联系起来，要有抓好班组建设的决心和信心，不能遇到困难就退缩。

（3）按照培训计划开展形式多样的培训活动。通过现场培训提高班组成员的实际操作水平，通过技术讲课增强班组成员对理论知识的了解，通过技术问答加深班组成员对理论知识的记忆，通过应急演练锻炼班组成员对突发事件的应急能力，通过网络培训拓宽了大家的知识面，通过考问讲解使班组成员的理论水平和操作水平有了进一步提升。每月定期检查培训手册及开展专业技术普考，检验职工的日常培训效果，根据班组的培训工作激励考核细则将每月的检查结果和考试结果纳入班组的绩效考核，按照绩效考核的相关规定对班组成员进行加分减分，考核结果每月定期公布并形成简报。

（五）结果评析

展望未来，班组建设仍然任重而道远，要将班组建设作为一个常态化的工作。挑战与机遇并存，部门上下同心同德，同心协力，用心、用脑夯实班组管理，推进一个中心、两条主线、三个工作目标；创建"团结、进步、健康、和谐"的班组，让员工将企业放在心中，充分发挥员工的力量，建设好企业。

【模块小节】

班组长工作繁杂、任务重，既要自己处理业务问题，还要进行班组管理，如何高效地利用有限的上班时间，有目标、有计划、有重点、有方法、高效地完成工作目标，不仅决定了工作的效果，也决定了班组长个人职业生涯的发展。

【思考与练习】

1. 请仔细回想班组长的一日工作有哪些？

2. 在日常工作中是否履行了要紧的事尽快做的原则？是否存在拖延的习惯？

3. 你是否认同"做事没计划，盲人骑瞎马"这句话？如何从现在做起，合理计划工作安排？

第三节　沟通管理

【小节说明】对大多数班组长来说，管理最重要的就是沟通。沟通好，管理就顺利；沟通不畅，管理就不顺利。班组长觉得班组成员难管，班组成员也会觉得班组长难以捉摸，管理也就会举步维艰；如果沟通顺利，大家心往一处想，劲往一处使，许多困难便迎刃而解。

【学习目标】了解沟通原则和方法，学会协调矛盾和冲突，结合有效沟通案例优化沟通技巧。

本节从以下三个方面阐述：

第一，长于沟通，多和班员谈心；

第二，善于说服，巧妙调节班组矛盾；

第三，精于协调，机智处理班组冲突。

一、长于沟通，多和班员聊天谈心

沟通是需要方法的。大部分班组长每天都会与班组成员沟通，可是沟通不一定有效。经常有班组长抱怨"我明明已经说过了，可他就是不知道""我不是这样说的，他却非要这样理解"，这些都是沟通不良的结果。沟通不良引起的人际关系紧张、效率低下、发生质量事故等问题在很多企业中都存在。和班组成员有效地沟通和交流是需要技巧的，班组长要学会必要的沟通和交流的技巧，具体来说就是"四解两容"。

"四解"即了解、理解、谅解和和解。了解是前提，了解一个人就能理解一个人，理解之后能够谅解，谅解之后才能和解，才能处理好关系。"两容"即容人、容事，即对各种性格的人都要包容，各种事都要拿得起、放得下。

班组管理可能会遇到诸多问题，如班组成员流动性大、新老交替快、技能参差不齐等，班组长应该建立、完善沟通渠道，保持群体沟通，同时发挥组长和骨干的作用。

第一，开好班会。完善班组沟通渠道，充分利用班会，做好群体沟通，建立严肃、紧张、团结、向上的工作氛围，做到令行禁止。

第二，"务虚"交流。每个月至少召开1~2次"务虚"交流会，总结班组工作，交流一线工作经验，奖优罚劣，听取班组成员意见，完善班组管理，培养严守基本、真诚开放、优势互补、共同成长的班组风气。

第三，班组活动。不定期举行聚餐、茶话会、郊游等班组活动，在轻松的气氛中促进大家的交流和感情，用另一种方式化解矛盾、消除隔阂。组织大家积极参与企业举办的各种文化活动，鼓励有特长的班组成员充分表现自己的才华，为班组争取荣誉，激发大家的集体荣誉感。

第四，个别交流。保持对班组成员个体的关注，因时、因人、因事与班组成员进行个别交流、指导。沟通时，尊重班组成员的隐私和人格，充分考虑对方的内心感受，给予班组成员充分表达的机会，形成双向交流、对等互动。

二、善于说服，巧妙调解班组矛盾

班组就好比一个家庭，有老有少，有男有女，各有各的想法。如：年轻的班组成员容易冲动，考虑问题可能不够细致，工作中顾前不顾后，拈轻怕重，缺乏主动性；不认可事情的处理结果，对班组长闹情绪。当班组产生矛盾后，班组长既不能听之任之，不闻不问，也不能怕得罪人，这都是对工作不负责任。班组长应该进行善意的帮助，并做出榜样，这需要班组长懂得说服的方法和艺术。

第一，晓之以理。晓之以理，就是讲道理。简单的事情，小道理，一两个典型事例加上简明扼要的分析，就可以讲清楚；复杂的事情，大道理，涉及多方面因素，触动一点就牵动全局，必须全方位、多层次、多角度地进行一系列的说服工作，从多方面展开心理攻势，配以严密的逻辑推理，从而得出结论。这个结论最好以征询意见的方式引导对方共同推理、探讨并得出结论，让对方把你的意见当作自己寻求的答案。对于经过自己思考发现的真理，人们更坚信不疑。晓之以理，要满怀信心，争取主动，先取攻势。当对方明确地表示"不行""不干""不同意"时，再说服他，就要付出加倍的努力。当然，争取主动仍要运用委婉商榷的语气，切忌盛气凌人、以势压人，如果对方因此而产生逆反心理，再说服他，同样也要付出加倍的努力。

第二，动之以情。以情动人，往往能在催人泪下的同时，使人不知不觉地接受其思想，这就是情感的力量。对于形象思维强于逻辑思维的青少年，对于平日没有理论思维习惯的人，运用其自身或周边人的经验教训，并加上感情色彩浓厚的语言，绘声绘色地讲述，易引发情感上的共鸣，从而接受道理。

第三，衡之以利。衡之以利就是权衡利弊得失，讲清利害关系。实惠观念很强的人，很难说服，衡之以利是切实有效的方法，且无论对国家、对社会的利害如何，只从个人得失考虑，他也会趋利避害，从而接受建议；明事理、重情义的人，虽不过于讲究实惠，但充分考虑对方的切身利害、实际困难，并在该基础上进行说服，才是真正的通情达理，也更令人信服。

三、精于协调，机智处理班组冲突

冲突是由于工作群体或个人，试图满足自身需要而使另一群体或个人受到挫折时的社会心理现象，冲突其实就是激化了的矛盾。所以，班组长要提前解决矛盾，不要让矛盾演变成冲突。

如何对待和解决班组中各种矛盾和冲突？积极的态度是努力制造讨论的气氛，在小问题上互敬互让，大问题上好言相商，小事讲风格，大事讲原则。冲突不可能消除，其可能成为创新和变革的导火索；如果回避冲突，班组可能变得缺乏激情，无法改革。

首先，冲突不会自行消失，如果置之不理，冲突只会逐步升级。其次，作为班组长，有责任使班组恢复和谐的气氛。所以有时候班组长必须及时地担任起现场裁判的角色，以快速解决班员的冲突。处理冲突时牢记：

第一，记住你的目标是寻找解决方法，而不是指责某个人。即使指责是正确的，也会使对方不肯妥协。

第二，不要用解雇威胁人。除非真的打算解雇某人，否则，威胁只会妨碍调解。如果威胁了，又没有实施，反而会失去信用。

第三，区别事实与假设。不带感情因素进行研究，深入调查，发现事实，找到冲突的根源，是解决冲突的关键。

第四，坚持客观的态度。不要提前假设某方是错的，要倾听双方的意见。最好的办法是让冲突的双方自己解决问题，而你担任调停者的角色，可以单独约见一方，也可以双方一起约见。但不管采用什么方式，应该让双方明白"矛盾总会得到解决"。

不再发生任何班组成员之间的冲突是班组长的工作职责之一。如果想尽办法，都不能让他们和解，那只能调换位置，分开他们。

四、管理案例

【案例 3-3】"日不暇给"与"无所事事"。

（一）背景描述

工作分配是班组长的一项重要职能，班组长工作分配的合理与否很大程度上决定了班组成员的办事效率和效率。工作分配出现问题一般表现为团队中有人整天"日不暇给"，而有人每天"无所事事"。工作分配不均可能造成班组成员工作态度不积极，这种情况在有新员工加入并需要一定技术熟练度的团队中极容易出现，出现这种情况的原因是班组成员的工作成熟度与领导方式的匹配程度不一致，且各方缺乏沟通，必须引起高度重视，并进行妥当的处置。

工作分配不均造成班组成员工作态度消极的问题在很多企业都存在，尤其是固定工资的岗位，容易让工作量大的员工感觉不公平，而工作量小的员工认为领导觉得自己能力有问题或者对自己有偏见，从而对工作失去积极性。

班组长属于基层领导，很多班组长是由技术工逐渐晋升为班组长的，所以可能存在不能完全转换为管理者角色的问题，当班组长对班组成员的管理方式出现问题，导致班组成员工作态度不积极时，解决该问题就要从改变班组成员态度方面着手。

（二）存在问题

由于班组长工作分配问题造成新员工工作量小，工作态度不积极，老员工工作量大，也不积极。本案例从新员工与班组长的角度分析，由新员工前后态度变化（见图 3-2）可以看出，新员工的态度由积极转变为消极。

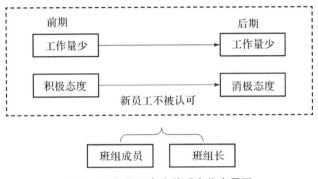

图 3-2 新员工态度前后变化变量图

由图 3-2 可见，新员工的工作量前后没有变化，随着工作时间增加，新员工的技能熟练度增加，工作量应呈上升趋势，但实际工作量并没有变化，因此班组成员态度转变的根本原因认为自己的能力不被班组长认可。新员工的能力不被班组长认可的原因又可从两方面分析：班组成员角度主要从班组成员态度改变出发；班组长角度主要从班组长对不同班组成员的领导理论出发。

（三）问题分析

1. 为什么新员工对工作的态度发生了改变

本案例的核心问题是由于班组长工作分配不均造成的新员工态度不积极，从而对工作推三阻四。工作积极性低下的问题通常可以通过态度理论进行分析。

从态度行为一致性理论分析新员工态度转变的原因：刚入职时对工作充满了热情，但是在之后的工作过程中发现班组长经常把任务分给老员工，导致自己工作量不大，进而工作态度由积极变为消极。态度行为一致性理论，也就是人们总是在寻求态度和行为的一致性，意味着个体试图消除态度的分歧并保持态度与行为的协调一致，以便表现出理性和一致性，当出现不一致时，个体会采取措施以回到态度和行为重新一致的平衡状态，即改变行为或改变态度。在本案例中，新员工没办法改变自己的行为就只有改变自己的态度，由积极态度变为消极态度。

态度的影响因素：一是工作满意度，员工对工作的满意度高，就可能持积极态度，对工作不满意就会持消极态度；二是工作参与度，工作参与程度高会对工作更有认同感，对工作就会更积极；三是组织承诺，也就是员工对特定组织和任务目标的认同，员工越有认同感，积极性就会越高。在工作过程中，班组长很少分配任务给新员工，使其工作参与程度低，工作积极性受挫，因此在接受新任务时没有积极性。

2. 班组长的领导方式问题分析

作为一名年轻的班组长，其管理经验不足，班组长在班组中本应承担指挥、引导、协调和激励班组成员的职责，但因为其没有转换到应有的领导意识，所以在分配工作时没有过多的考虑，对待不同班组成员也没有对应的管理方式，造成班组成员工作不积极。成熟度是指个体完成某一具体任务的能力和意愿，根据成熟度模型可以将员工分为四个阶段，分别是无能力且不愿意、无能力但愿意、有能力但不愿意、有能力并愿意。从图 3-3 可以看出，有能力但不愿意的员工能力高，但并不愿意干领导希望他们做的事情；无能力但愿意的员工可能会转变为无能力差且不愿意。

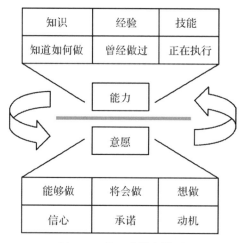

图 3-3　员工成熟度模型

根据领导情景理论中关系行为和任务行为两个维度的划分，领导分为授权型、参与型、推销型、告知型四种，见图 3-4。领导应根据下属的成熟度决定自己的行为方式。但在本案例中，对于班组成员，班组长的领导方式是告知型，即只对班组成员予以明确的任务指示，没有采取其他支持行为。根据班组成员的成熟度，不应为告知型。

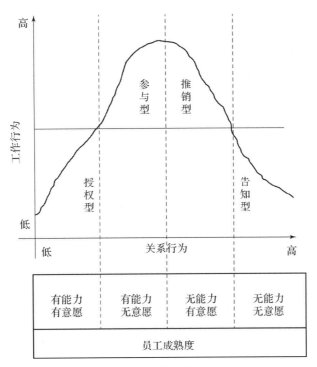

图 3-4　领导类型

（四）解决举措及方法

1. 根据下属的成熟度来选择领导策略

由于员工的成熟度不一样，建议根据成熟度选择不同的领导方式，以合理管理员工。当下属成熟度水平较高时，领导不但可以减少对活动的控制，还可以减少关系行为。在无能力且无意愿阶段，下属需要得到明确而具体的指导；在无能力但愿意阶段，领导者需要采取高任务和高关系行为，高任务能弥补下属能力的欠缺，高关系行为则试图使下属在心理上领会领导的意图；在有能力无意愿阶段，需要领导者运用支持性非指导性的参与风格方式，因此需要给予员工一些激励；在有能力有意愿阶段，领导者不需要做太多的事情。

2. 改变新员工的态度和行为

新员工工作不积极是由于工作参与度低，建议采取改变新员工行为的方式，让员工积极参与工作学习中，改变新员工的行为而不是态度，提高员工的工作积极性。

3. 老员工应消除不满意，提高其积极性

老员工对工作积极性低因为满意度较低，建议先消除不满意再提高满意度，从而提高其工作积极性。赫兹伯格的激励－保健理论认为，工作满意或不满意的因素是不相关的。消除不满意的因素不一定会有激励作用，理论上，要消除老员工的不满意需要班长合理分配工作，而要提高老员工的满意度从而提高积极性需要采取激励措施，例如工作量达到一定标准予以额外奖励或者提供其他灵活福利。灵活福利是指允许员工从众多福利项目中选择自己需要的福利。

【模块小节】

沟通的黄金定律：要想沟通成功，就要尊重对方，设身处地、将心比心地为对方着想，站在对方的立场去思考问题。

沟通的铂金定律：以对方喜欢的方式进行沟通。

沟通的确需要技巧，但仅凭技巧是行不通的，沟通的基础仍然是做人的底蕴。

【思考与练习】

1. 班员之间在工作中存在意见分歧是不可避免的，当下属之间闹矛盾时，怎么处理比较恰当？

2. 赫兹里特说过"谈话的艺术是听和被听的艺术"，结合以往的工作，你觉得自己是否做到了倾听员工的声音？

基于业务管理的
班组长进阶式培训教材

⫷ 班组管理 篇

国网河南省电力公司郑州供电公司　编

中国电力出版社
CHINA ELECTRIC POWER PRESS

图书在版编目（CIP）数据

基于业务管理的班组长进阶式培训教材．2，班组管理篇 / 国网河南省电力公司郑州供电公司编．-- 北京：中国电力出版社，2025．3． -- ISBN 978-7-5198-9715-4

Ⅰ．F426.61

中国国家版本馆 CIP 数据核字第 20249L44B2 号

出版发行：中国电力出版社

地　　址：北京市东城区北京站西街 19 号（邮政编码 100005）

网　　址：http://www.cepp.sgcc.com.cn

责任编辑：马　丹

责任校对：黄　蓓　郝军燕

装帧设计：郝晓燕

责任印制：钱兴根

印　　刷：北京世纪东方数印科技有限公司

版　　次：2025 年 3 月第一版

印　　次：2025 年 3 月北京第一次印刷

开　　本：787 毫米 ×1092 毫米　16 开本

印　　张：16.5

字　　数：273 千字

定　　价：66.00 元（全 3 册）

丛书编委会

主　　任　丁和平　王　磊

副 主 任　方　珂

委　　员　陈建凯　景中焰　冯志敏　赵　亮　程　昶　康少华　左魁生

　　　　　杨　潇　申全宇　唐翠莲　王　兵　费　鸣　丁黎晓　高　尚

　　　　　郜　阳　罗　玲　陈一潇　李依琳

编写组（班组管理篇）

组　　长　张　超　皇甫超军　彭　浩

编写人员　王建超　施永珍　黄　超　陈兆琦　马跃华　王晓岑　杨海洋

　　　　　王延军　张程莉　关　越

前　言

　　班组是企业的细胞，是企业管理的前沿阵地，班组建设发挥着强基固本作用。班组强则企业强，班组长作为班组的当家人和顶梁柱，是班组的指挥官和决策者。班组的一切任务都需要班组长来落实，班组的一切事务都需要班组长来处理，班组的一切人员都需要班组长来调配。班组长要管的不仅是人员、事务，还要管生产、管设备、管质量、管安全、管创新，从安全生产到质量控制，从班员激励到团队建设，从开源节流到自主创新，从班组例会到上情下达，从制度执行到人员分工，无一不需要班组长。

　　为加强班组长培养，打造一支技艺卓越、管理精湛班组长人才队伍，国网郑州供电公司组织开发了"郑光明"班组长岗位培训教材，本教材依托班组长岗位任务—能力素质二维模型，梳理精细化、实务化、模块化的工作步骤，并按照"强基""提升""超越"三个层级，梳理了班组长应知应会，并针对各模块内容提供了场景化的案例分析，有针对性地为读者提供了班组长管理场景、具体问题的解决范例。本书具备以下特点：

　　（1）以工作任务模块为教材大纲，紧密结合班组长岗位各项工作，针对班组长生产管理中各项困难及亟待解决的问题，提供知识和指导，帮助读者快速充电。

　　（2）侧重班组长管理思维、技巧的引导，从管理角度入手，着重对班组长的管理标准、案例进行全面分析，强化管理经验的总结提炼，便于读者理解与掌握。

　　（3）场景化案例教学内容设计，本教材每小节至少包含一个班组长管理案例，让班组长在学习过程中能够结合场景，拓宽班组管理思路。

目　录

业务管理篇　用实干诠释担当

班组管理篇

用精益实现突破

第 ④ 章
开展安全管理

第一节　开展安全活动

【小节说明】开展安全活动是通过各类学习和实践，增强员工的安全意识和安全技能，实现班组安全管理的一种管理方法。班组安全活动包括安全文件学习、事故案例分析和安全演练实践活动。班组长需结合公司及安监部要求，制订安全活动计划，推进班组安全活动，并对安全活动进行有效评估。

【学习目标】通过本节学习，能够掌握班组不同类型下开展安全活动、组织安全的学习、组织安全的考试培训、案例分析、集中研讨，并对安全活动效果进行评估。

开展安全活动具体包括以下四个步骤：

第一，组织班组安全学习，持续深化安全教育。认真落实安全教育工作部署，增强"不违章"的思想自觉。

第二，开展安全风险防控。对班组工作范围内的安全风险进行讲解，使班组成员充分了解、辨识工作范围内的安全风险和详细掌握应对措施。

第三，组织安全风险头脑风暴活动。组织开展班组安全建设集思广益，对工作范围内的违章问题、存在安全风险及时对相关人员进行提醒。

第四，加强监督检查。加强对班组现场工作电网风险情况进行监督，检查是否存在违章等不安全行为。

一、开展深化安全教育

班组长及时组织班组成员学习关于安全生产的文件、会议及领导讲话精神、安全生产的法律法规和规章制度、安全事故事件通报、安全稽查通报的安全检查通报等，引导班组成员树立安全意识，营造良好安全氛围，减少和避免违章等不安全问题发生。

第一，加大安全进班组的宣传教育。切实注重班组自身实际的安全，积极组织开展安全教育，使班组成员做到自省、自警；开展学习典型案例的安全教育活动，使安全理念深入人心，达到"人人心中有安全、守安全"的效果。

第二，加强规章制度学习。强化安全教育提醒，组织班组成员学习安全生产法律法规和规章制度、安全事故事件通报、安全稽查通报，结合自身岗位分析安全风险，杜绝安全隐患。强化"安全第一，预防为主"总方针。

二、开展安全风险排查

第一，深入开展安全风险防控。从岗位职责、工作流程、安全规程以及外部环境等方面排查，查找安全风险点、制定安全措施，形成《安全风险标识与安全措施方案》。

第二，常态化开展风险隐患和防控措施。每日组织开展班前会、班后会，分析危险点，制定安全防控措施，提醒班员工要时刻警醒、警钟长鸣，提高认识，从思想和行动上杜绝发生违章。

三、组织风险头脑风暴

班组长应及时对班组成员讲解工作范围内的安全风险，积极引导班组成员讲解工作任务中存在的安全风险，并进行纠偏和完善。

（一）制订头脑风暴计划

班组长每月组织班组成员开展一次头脑风暴，实现每年工作任务安全风险全覆盖。

（二）头脑风暴内容

①安全风险排查防控、提醒；②重要安全文件、重大安全事故通报的学习情

况；③开展安全教育情况。

（三）头脑风暴方式

班组成员集中在一起进行。班组成员应认真参与分析讨论，每个成员都要发言，谈自己的体会和感受，并针对性提出安全工作建议，使每个成员真正受到触动，成员之间互相受到启发。

四、加强安全监督防控

对安全风险防控措施落实情况进行监督检查，对发现的违章问题及时提醒。加强对班组成员执行安全规定等制度情况的监督，确保制度执行的彻底性。

第一，建立和完善安全规章制度。加强对班组成员执行安规、防违章等制度执行情况的监督，确保制度执行贯彻如一。

第二，实现安全工作常态化。深入开展安全风险全隐患排查，认真梳理岗位职责风险、工作流程风险，对各工作环节的责任明确到人，切实起到监督约束作用。

五、管理案例

【案例4-1】乏味的安全学习日怎么开展。

（一）背景描述

某日常维修班组的班组长，年龄较大，平日里对于班组成员比较迁就。班组共8名成员，年龄两极分化比较严重，新员工的培训更为系统规范，对于知识的掌握更多，但是操作稍显生疏；老员工的经验更丰富，即便操作不规范但也从未出错，只是对于新知识和新方法的接受能力不敏感。

最近安排班组的安全日学习让班组长头疼不已。新员工认为安全方面的理论知识在培训的时候就已经讲了很多，现在还是周周讲，本来就已经烂熟于心的内容，现在讲得已经有"反胃"的感觉了；而老员工也表示，自己干了很多年，不可能出错，所以有很大的抵触情绪。最后的结果是，每次安全日学习，班组长只能照着宣讲册念，念完走人，浪费大家的时间，所有班组成员都不满意。

（二）存在问题

于是，班组长组织班组开了一次"为什么你们抵触安全学习日"的讨论会。

会上，班组长直接问班组成员"你们到底是想怎么开展安全学习？"

一个新员工说："能不讲不？一个没啥用还没啥内容的破玩意周周讲、月月讲，本来这些东西最开始的时候培训就已经学得够多了，现在还让我们学，感觉都快听吐了好吧？"

一个老员工说："班组长，你又不是不知道，那些机器设备跟我自己的亲儿子一样，哪有毛病了我还不清楚？是，上次检查是说了我这不对那不对，但是你看看我们这几个老伙计，有几个出了事的？简直是小题大做。"另一个老员工说："班组长，安全学习又不发工资，还影响工作绩效，你说说这东西耽误了我们多少时间了？家里还有好几个等着我养的呢！"

班组长没想到自己的话引来这么大的反应，他一时半会说不出话，最后只能说："既然这样，下次我们把时间缩短到半个小时到一个小时你们看行不行，你们来决定怎么讲，不论是表演、看视频、PPT，只要能让你们真的有安全意识就行，不过作为交换，你们每周会后的第二天我要组织抽查考试，成绩最差的就作为下周的主持人。"班组成员听到时间可以从一下午变成一个小时以内，想都没想就异口同声地说："行，没问题！"

本案例是一个班组在部分班组成员的带领下，几乎全员抵制安全学习日活动，而班组长采取了迁就和妥协的态度处理。

这种事件在一般基层管理梯队内具有典型性，比较容易发生，具有较强的研讨意义。

从时间序列上，可以发现该事件是一群人在某部分人的带动下，采取了一致的行动，所以要对这一群人的特征进行分析，即通过群体行为理论寻找出这个人群的特点，然后对带头的这一部分人以及管理人员进行个体行为分析与领导力分析，并找出其原因。

（三）问题分析

1. "小团体"如何导致集体抵制安全日学习？

本案例涉及以新、老员工等人为核心的、抵制安全学习的"群体"。从理论上说，群体与团队的区别主要表现在缺乏一个相对明确的阶段性目标。所以本案例可以从群体类别所引发的特征、群体在不同阶段下所具有的特征以及群体一般特征三个维度去界定与分析。

（1）小团体到底想要什么？

通过群体分类相关理论，该群体在利益动机方面表现为一个利益型群体，具有每个个体都有切身利益的目标的特点，单一的利益性表明了，解决核心应该放在这个利益性重点，即安全学习日。

抵制安全学习可能带来的收益是，一旦成功就可以迫使管理层减少或者取消安全学习日活动，从而可以更好地完成绩效任务。

（2）小团体到底牢不牢靠？

任何一个群体都有对应的紧致程度，不太牢靠的群体很容易从内部矛盾进行化解，而比较牢靠的群体则很难通过简单的方法化解，所以对于本案例需要判定团体的牢靠程度，以确定对策化解。

抵触安全学习日的小团体缺乏明确的规范和组织规章，所以可以确定其是一个非正式群体。非正式群体缺乏明确的规章和规范的特性使得群体的牢靠性大幅度下降，如果不通过长期的群体发展形成潜规则或者明确制度化转向正式群体，其牢靠程度将大打折扣。

群体的发展通常可以以群体阶段理论来解释与分析，普通的群体会经历形成期、矛盾期、秩序期、运行期以及解体期五个阶段。因为该群体具有没有明确规范、缺乏深度磨合等特征，可以大致判断出其处于群体发展理论的第一阶段，即形成阶段，所以该群体只有一个模糊的概念，即抵制安全日学习。

通过界定群体阶段，辅助分类理论，可以进一步确定非正式群体具有松散的特点，且组织阶段性特点也可加以引导从而导向班组长所需要的方向，或者引导向矛盾冲突阶段，为化解该群体做铺垫。

（3）小团体一般会有什么特点？

只要是一个群体，就难免会产生一定程度的从众行为，这个也间接表现在该群组的态度一致性上，即所有班组成员对于反对安全日学习的默许。在一个群体里，很难做到所有成员都抵制一个活动，在部分人带领以后，群体出现了明显的行为现象，从众性发挥了很强的作用，所以解决从众性，是群体行为的重中之重。

2. 为什么总有人要带头起哄抵制安全学习日？

（1）班组成员是如何想的？

班组成员的想法和动机各不相同，但是却导致了同样的行为，从理论上讲存在一个动机到行动的形成过程，即人的认知产生偏差后通过一定的渠道、方式积累了某种情感，最后在某种诱因的促使下，转换成了一种行为，也就是态度理论中的三大要素分析。

1）它压根不重要！班组成员的认识要素问题：班组成员对于安全学习的认识与企业预定目标产生了偏差，班组成员认为安全学习重复、没有必要、浪费时间。而从企业宏观角度而言，保障员工的人身安全是企业的职责与使命。员工并没有意识到安全学习的本质和重要性，原因是常见行为偏见，如过分自信偏见与验证偏见。

过分自信偏见表现为年轻员工倾向于过高估计自己的智商和理论知识，对安全学习的内容产生轻视；老员工则是过高估计自己的经验水平，对规范操作产生轻视。

验证偏见更多集中在老员工以过去不规范操作但是没有出意外的事实为基础，低估与自己所接触过的事实相悖的信息，进而导致对安全学习的认知不足。

2）学够了！班组成员的情感问题：大量重复的学习会导致消极情绪的积累，在心境状态里转换成低度消极情绪，甚至中高度消极情绪，即厌恶或者愤怒。

3）不听了！班组成员采取了抵制的行动：由于班组长的迁就性格，班组成员的消极情绪很容易转化成消极行为，最终导致了班组成员集体排斥安全学习的现象。

（2）班长犯错了吗？

整个过程中，班组长没有表现出一个管理者应该具有的领导力，即影响群体去实现目标的能力。班组长的迁就，从领导力理论而言，是外倾性不足。在领导 – 情境匹配理论中，由于班组属于任务导向型群体，所以更适用于高集权度、强领导力的管理模式或者低集权度、弱领导力的管理模式，而班组长的迁就虽然在业绩上保证了该班组的水平，但是安全学习本身并不是任务导向型，所以其推进与展开并不适用，自然会产生低效管理。

3. 安全学习日到底错在何处？

本案例中，带头的人涉及至少两类特征的人群，即年轻员工个体组成的圈子与老资历员工个体组成的圈子，采用个体行为理论中的内外因源动力分析方法。

应用一致性分析，当个体行为表现出一致性的时候，说明根本原因在于外因，也就是安全学习日本身存在问题，才会导致该现象发生。

通过区别性分析，可以发现，在不同环境下，班组成员并没有出现同样的态度，从而可以佐证一致性分析中的外因导向推测。

客观地说，安全学习日本身的确有很大的问题，通过班组内的反映来看，主要表现在内容重复、形式枯燥、脱离实际等，所以本质上来说，改变安全学习日的教学模式才是解决问题的根本方法之一。

（四）解决举措及方法

1. 长期解决方案

长期方案侧重于解决本质问题，即不仅仅从形式上解决问题，而是使矛盾双方都可以化解。从源头说，是安全学习的模式出了问题，才会导致个体行为出现一致性，班组作为一个群体，其所具有的从众性会进一步加剧一致性。

所以，改进安全学习模式才能从源头解决问题，因为班组成员抵触学习的本质在于形式枯燥、内容脱离实际。可以不断补充新知识并通过六人关联法则，迫使老员工正视危险与安全学习的必要性和重要性，引入安全事故案例；还可以通过互动教学等方式提高学习的趣味性。

2. 中期解决方案

中期方案侧重于可以稳定地化解矛盾，即保证事务稳定地推进下去。

（1）破除群体的一致性：破除一致性很简单，本质上就是制造矛盾。具体方法可以利用自有存在的两个小群体，即年轻群体与经验群体，通过互相抽查、出题以及对立教学的方式破除群体的一致性。

（2）个体行为的导向改变：

1）通过设置奖惩机制，引入考试、罚款、奖金等绩效模式，将安全学习转换为任务，从而迫使群体产生解决任务的动能。

2）通过任务型转变以及越级向下形成压力，从而形成迫使班组成员短期内形成行为不协调效应，并通过引入的绩效模式迫使员工调整自己的工作情感，服从于学习的行为。

3. 短期解决方案

短期的解决方案更侧重于临时性，保证事情在一定程度上推进下去，在长期与中期仍需要一定时间的情况下，管理层应该发挥对应的积极作用，而本案例中的短期方法可以采用领导方向的转变来解决：一方面，安全学习在短期内不能有效设置成绩效模式以及合理编排教学内容；另一方面，性格是长期形成的，很难发生改变，所以唯一的方法是班组长将安全学习从任务型导向引导为关系型导向的领导结构，通过自身与员工的关系推进短期内安全学习日活动，给中、长期调整足够的时间。

【案例 4-2】"三种人"安全送电模式保安全。

（一）背景描述

部门不同，班组职责分工也不同。为了让班组全员能安全、高效地完成日常配电网倒闸操作任务，必须增强班组人员安全防范意识、提高不同班组协作、信息共享、增强管理人员安全监督履职意识。在配电网大范围电缆化改造后送电和新建开闭所、配电站房投运送电等较重大操作任务的安全风险防范方面，班组提出了"三种人"安全送电模式。

某配电一组现有 14 名成员，设有班长 1 名、内勤人员 1 名，作业人员 12 名，平均年龄 42 岁。大专及以上文凭人员 5 人，其他都是初中及以下文凭。负责某供电所辖区 5 个乡镇（街道办）范围内 187 条 10 千伏馈线、686 台公用配电变压器、2870 台专用变压器、131 座配电站房等 10 千伏及以下配网故障抢修工作、配电网倒闸操作以及各种重要活动、节日和抢险救灾保供电任务。该班组的工种特点是高技术性、高危险性、高劳动强度。

（二）存在问题

该班组的主要业务之一是配电网倒闸操作，涉及配电网施工检修、改造、新建等项目的停、送电倒闸操作，操作对象包括配电变压器、架空线路隔离开关、环网柜、开闭所（配电室）等电气设备。日常倒闸操作工作，除要求操作人员要严格执行安全规定外，还要有娴熟的操作技能，了解配电网设备的接线、运行方式，才能有效杜绝误操作事故。

对于配电网施工检修、改造、新建等项目，配电一组只负责停、送电倒闸操作，设备的异动、现场工作许可、施工验收、设备台账录入等工作则由负责配电运行维护的配电二组负责。因此，配电一组倒闸操作人员对配电网设备施工改造后的异动情况、接线方式、新设备的操作方法和注意事项等都不是很了解，存在误操作风险，特别是配电网大范围电缆化改造后送电和新建开闭所、配电站房投运送电等较重大操作任务。

（三）问题分析

1. 目标

"三种人"安全送电模式是杜绝误操作、提升不同班组团结协作，管理人员履职尽职的新方法，是班组能够安全、高效地完成日常配电网倒闸操作任务的保障。

2. 制度

"三种人"安全送电模式明确了较大型配电网倒闸操作任务中，送电倒闸操作人员、设备主人（即运行维护责任段人员）、到岗到位管理人员各自的安全职责。要求：送电倒闸操作人员必须主动提前到现场熟悉设备、操作方法、风险及送电方案；设备主人必须主动介绍设备异动情况、新设备操作方法，信息共享；到岗到位管理人员必须主动对送电过程进行总体把控和协调。

3. 考核

部门专责根据"三种人"安全送电模式中"三种人"各自的安全职责，制定相应的安全责任考核制度。对于送电倒闸操作人员未主动提前到现场熟悉设备、操作方法、风险及送电方案，设备主人未主动向相关操作人员共享设备异动情况、新设备操作方法等信息或在操作人员向其了解相关信息时敷衍应对，到岗到位管理人员未积极主动协调各方做好现场安全监督，导致送电方案不合理、操作票不合格、对现场设备不懂操作等问题，如未造成误操作事故，对相关责任人员在全部门进行通报违章考核，如出现误操作等事故，则按事故处理相关规定对相关责任人员进行安全责任考核。

（四）解决举措及方法

根据安全需要和不同部门班组职责分工不同的情况，对于配电网大范围电缆化改造后送电和新建开闭所、配电站房投运送电等较重大操作任务的安全风险防范方面，总结提出"三种人"安全送电模式。"三种人"指的是送电倒闸操作人员、设备主人（即运行维护责任段人员）、到岗到位管理人员。

1.送电前

（1）召开班前会。班组组织"三种人"召开班前会，开展简要培训和交底，熟悉异动及危险点。

（2）明确"三种人"各自应尽职责。

1）送电倒闸操作人员：提前到现场熟悉设备、操作方法、风险及送电方案。根据现场设备型号、电气接线情况按调度指令正确填写倒闸操作票。

2）设备主人：积极主动向送电倒闸操作人员、到岗到位管理人员介绍设备异动情况，新设备操作方法。

3）到岗到位管理人员：对送电过程进行总体把控和协调。

2.送电过程

（1）送电倒闸操作人员：正确使用安全工器具和劳动防护用器，按倒闸操作票逐项认真操作。

（2）管理人员：一同到岗到位，全程加强现场安全监督及协调操作过程中遇到的问题。

（3）设备主人：全程做好操作辅助配合工作，并记录设备送电操作过程中出现的异常情况。

3.送电后

设备主人在所用设备送电运行后，应再次核实异动情况，跟踪新设备运行情况。

（五）结果评析

通过实施"三种人"安全送电模式，该班组两年来一直保持操作票合格率100%，并且能够安全、高效完成各项倒闸操作任务，有效杜绝误操作、提升不同班组团结协作，提高管理人员履职尽职的责任心。同时，也提高了所有班组成员对新设备的认知学习兴趣，掌握各种设备的运行操作方法和安全风险防范措施。将倒闸操作过程中所学的设备知识，应用在故障抢修工作中，提高了日常故障抢修工作的安全性、高效。

从班组成员文化水平来讲，这种倒闸操作安全管理模式不但能有效抓住安全根本，提高工作效率；同时，也是班组成员有效的学习培训方式，相比对新设备的纯理论学习培训，这种在施工现场根据实物进行讲解和实际动手模拟操作，更容易让人理解和接受。

【模块小节】

通过开展班组安全日活动，有力促进生产一线人员深刻吸取各类安全事故教训，强化安全技能，提升安全意识，杜绝不安全行为出现，从"要我安全到我要安全、我会安全"的根本性转变。

【思考与练习】

1. 如何组织开展班组安全学习活动？

2. 班组内的安全头脑风暴活动应该产出哪些成果？

第二节　精益管理器具

【小节说明】安全工器具是保证工作现场人身安全的物质基础，直接影响电力企业在生产过程中的人身和设备安全。因安全工器具不合格、管理不善造成的事故屡见不鲜，如何通过科学管理保证安全工器具完好可用和正确使用安全工器具，是电力企业安全管理中重要的一环。

【学习目标】通过本节的学习，能够组织开展班组安全文件学习、事故案例学习和各种演练实践活动，能根据安监部要求，落实公司有关安全方面要求，高效开展班组学习实践活动，营造良好班组安全氛围。

安全工器具是指为防止触电、灼伤、坠落、摔跌、中毒、窒息、火灾、雷击、淹溺等事故或职业危害，保障工作人员人身安全的个体防护装备、绝缘安全工器具、登高工器具、安全围栏（网）和标识牌等专用工具和器具。

（1）一般防护工具：防止工作人员发生事故的工器具，如安全带、安全帽等，通常情况下，登高用的脚扣、升降板、梯子、导电鞋等归入这个范畴。

（2）基本绝缘安全工器具：能直接操作带电设备或接触及可能接触带电体的电力工器具，如电容性验电器、绝缘杆、核相器、绝缘罩、绝缘隔板等，这类工器具和带电作业工器具的区别在于工作过程中短时间接触带电体或非接触带电体。

（3）辅助绝缘安全工器具：绝缘强度不承受设备或线路工作电压，只用于加强基本绝缘安全工器具的保安作用，用以防止接触过电压、跨步电压、泄漏电流电弧对操作人员的伤害，不能用辅助绝缘安全工器具直接接触高压设备带电部分。属于这一类的安全工器具有绝缘手套、绝缘靴、绝缘胶垫等。

（4）安全标示牌：通常包括各种安全警告牌、设备标示牌等。

一、安全工器具保管

（1）各级单位应为班组配置充足、合格的安全工器具，建立统一分类的安全工器具台账和编号方法。使用保管单位应定期开展安全工器具清查盘点，确保做到账、卡、物一致，各级单位可根据实际情况对照确定现场配置标准。

（2）安全工器具领用、归还应严格履行交接和登记手续。领用时，保管人和领用人应共同确认安全工器具有效性，确认合格后，方可出库；归还时，保管人和使用人应共同进行清洁整理和检查确认，检查合格的返库存放，不合格或超试验周期的应另外存放，做出"禁用"标识，停止使用。

（3）安全工器具的保管及存放，必须满足国家和行业标准及产品说明书要求。

（4）安全工器具宜根据产品要求存放于合适的温度、湿度及通风条件处，与其他物资材料、设备设施应分开存放。

（5）使用单位公用的安全工器具，应明确专人负责管理、维护和保养。个人使用的安全工器具，应由单位指定地点集中存放，使用者负责管理、维护和保养，班组安全员不定期抽查使用维护情况。

（6）安全工器具在保管及运输过程中应防止损坏和磨损，绝缘安全工器具应做好防潮措施。

（7）使用中若发现产品质量、售后服务等不良问题，应及时报告物资部门和安全监察质量部门，查实后，由安全监察质量部门发布信息通报。

二、安全工器具处理

安全工器具超过有效使用期限和损坏后应该做报废处理。

（1）安全工器具符合下列条件之一者，即予以报废：

1）经试验或检验不符合国家或行业标准的。

2）超过有效使用期限，不能达到有效防护功能指标的。

3）外观检查明显损坏影响安全使用的。

（2）报废的安全工器具应及时清理，不得与合格的安全工器具存放在一起，严禁使用报废的安全工器具。

（3）安全工器具报废，应经本单位安全监察质量部门组织专业人员或机构进行确认，属于固定资产的安全工器具报废应按照公司固定资产管理办法有关规定执行。

（4）报废的安全工器具，应做破坏处理，并撕毁"合格证"。

（5）安全工器具报废处置应按公司废旧物资管理的相应要求执行。

三、管理案例

【案例 4-3】以安全提醒促进班组安全管理。

（一）背景描述

目前班组安全管理的主要做法是监督和考核，但安全阶段划分属于严格监督阶段，安全风险依然很高。必须将班组安全管理提升为自主管理阶段，然后向团队管理阶段前进，最终控制安全风险。自主管理阶段就是人的安全自主管理，要从严格监督阶段提升到自主管理阶段，关键取决于人，安全教育、安全奖惩必不可少，但安全提醒仍是一个重要手段。

某供电所现有员工 35 名，负责某镇 31 个行政村、58 个自然村的供电服务，供电面积 45 平方千米，供电人口 8.09 万人，10 千伏配电变压器 153 台（农网公用变压器）。0.4 千伏线路 419.81 千米；0.4 千伏及以下客户数 26375 户。

（二）优势提炼

通过一系列安全提醒，扎实推进企业安全文化建设，营造安全、严谨、和谐的工作环境。发扬求真务实精神，适应新形势，探索新思路，不断改进和完善安全监督机制，形成常态监督、专项监督、事故监察"三位一体"的监督体系，为全面、全员、全方位、全过程的安全管理与监督搭建平台，实现团队安全，从而保证个人的安全。

（三）创新做法

各平台通过安全提醒员工在生产过程中的必备条件、正确做法和有可能的伤害，使员工能够自主地注意、做到和规避。

1. 正面提醒

（1）安全示范提醒是通过正确的安全示范，提醒员工如何正确佩戴安全防护用品、如何正确地使用安全工器具、怎样的做法才能保证安全等。

（2）安全告知（提示）提醒则是通过安全告知（提示）提醒员工生产劳动过程中存在哪些危险因素、如何防范/规避这些危险因素，把危险因素降低在最低限度或消除潜在的危险因素，从而达到安全状态。

（3）现场提醒则是通过现场监督及时发现存在的危险因素进行及时提醒。

2. 反面提醒

（1）通过各种曝光形式让违章者"丢脸"，从而提醒自己不要再犯同样的错误，同时也可提醒其他员工哪些行为是属于违章的，以免犯同样的错误。

（2）定期组织员工学习各种事故案例，吸取教训，举一反三制定防范措施，提醒员工避免发生类似的事故。

3. 后果提醒

（1）通过各种处罚手段，用"铁的制度、铁的面孔、铁的处理"对待违章现象，严肃纪律、严格管理，不放过任何违章行为，宁可听骂声也不要听哭声，时刻提醒员工在生产中要坚决抛弃侥幸心理，严格按程序办事，严格执行规程要求，在思想上筑起安全生产的第二道防线，做到不伤害自己、不伤害别人、不被别人伤害。

（2）通过观看事故案例、重演事故过程，让员工从感观上认识到事故的可怕性，体会到事故的残酷性，认识到违章作业对幸福生活的致命打击；同时也以血淋淋的事实提醒员工，作为电力企业的员工，尤其是生产一线的工作人员"心存侥幸是魔鬼，严格执规是保障，掌握技能是根本"。

（四）结果评析

通过正面、反面和后果三种安全提醒的方法，做好控制、管理、监督，把风险控制在可接受的范围，形成以安全提醒为主线的安全管理体系，达到安全生产零事故。

【模块小节】

安全工器具可保证电力企业在生产过程中的人身和设备安全，应科学管理，保证安全工器具完好可用，正确使用安全工器具。

【思考与练习】

1. 班组的安全工器具管理需要哪些规章制度？

2. 班组长在安全工器具的管理中如何进行授权？

第三节　管理现场安全

【小节说明】班组现场安全管理是班组管理的重要组成部分。班组处于企业生产一线，是各种违章作业和人身伤亡事故的易发地。班组应建立以班组长为主导、班组安全员以及班组其他成员共同参与的内部安全组织，形成人人负责、互相监督的严密的安全网络，真正做到"自保、互保、群保"，圆满实现电网企业的安全生产目标。

【学习目标】本节主要学习班组现场安全管理的方法和要求，通过各项措施完成上级安全管理目标和安全生产任务等。

管理现场安全具体包括以下三个步骤：

第一，加强安全教育和培训。班组安全教育和培训能使员工了解、熟悉并掌握企业及班组的安全生产规章制度和安全技术规范，牢固树立安全意识。

第二，实行班组安全技术规范。实行班组安全技术规范，防止人的不安全行为和物的不安全状态，有效预防事故发生。班组安全技术规范主要包括现场工作标准化流程和生产设备、安全设施标准化两方面的内容。

第三，开展现场安全检查。开展现场安全检查是贯彻实施安规的一种重要手段，需要广泛动员、认真组织。

班组应经常开展的安全教育和培训，结合班组生产实际，组织员工学习安全生产法律法规和企业安规，使员工了解、熟悉并掌握企业及班组的安全生产规章制度和安全技术规范，树立安全意识。通过灵活多样的形式，如专家讲座、班组成员相互学习、安全宣传警示专栏、学习安全事故通报、放映安全事故录像等，随时更新员工的安全知识和技能，提高员工遵守安全生产规章制度的自觉性及贯彻执行安全技术规范的能力。

一、实行安全技术规范

（一）现场作业流程标准化

在电网企业班组生产实践中，普遍实行以"两票三制"为主的现场作业标准化流程。"两票"是指工作票、操作票，"三制"是指交接班制度、巡回检查制度、设备定期试验及更换制度。"两票三制"是电网企业安全生产保证体系的基本工作制度，是企业保人身、保电网、保设备的重要手段和措施。任何人为的责任事故，均可通过"两票三制"找到原因。

执行"两票三制"的同时，对安全事故的调查要遵循实事求是、尊重科学的原则，做到"四不放过"，即事故原因不清楚不放过、事故责任者和应受教育者没有受到教育不放过、没有采取防范措施不放过、事故责任者没有受到处罚不放过。

安全生产和安全管理的更高境界是标准化作业指导书的编制和应用。标准化作业指导书是企业工作标准的一个重要内容，是国家电网有限公司在全公司系统推行的最新安全管理措施，其目的是对每项作业规定具体的程序和标准，以推进作业程序标准化和生产操作标准化。

（二）生产设备、安全设施标准化

对安全生产过程中涉及的生产设备、安全防护设施、工器具等，班组必须作出明确、具体的规定，使每个成员都能熟悉并掌握设备设施的名称、位置性能、用途、标准参数、维护保养制度，熟悉并掌握定期检查、试验的要求和方法。

二、开展现场安全检查

（一）安全检查的主要内容

1. 查安全意识

检查员工是否树立安全意识，是否存在麻痹大意、散漫疏忽的行为。

2. 查规章制度执行情况

检查生产作业过程中是否严格遵守安全生产制度和纪律，是否严格执行"两票三制"，是否严格按标准化作业指导书进行作业。同时，检查"两措"和"四不放过"的执行情况。通过检查，评价安全生产规章制度是否有效贯彻执行。

3. 查生产设备、设施和安全工器具

检查生产设备、设施和装备是否配置齐全，是否符合安全标准，是否存在安全隐患；检查劳动条件和作业环境（包括设备器材堆放整齐、通道通畅、通风设备正常使用等）是否安全；检查安全围栏、护栏走道、楼梯平台是否符合安全标准；检

查易燃易爆及有毒有害物质的存放和使用情况，确保防护措施到位；检查电源、照明情况；检查消防器材是否按规定摆放、是否定期检查；检查安全工器具是否定期检查试验及更换、登记制度是否严格执行等。

4. 查劳动防护用品的发放使用

检查工作服、安全帽、手套、绝缘靴鞋、护目镜等是否符合安全标准，是否按要求穿戴。

5. 查安全教育

检查班组的安全教育的形式和内容是否有效，检查员工是否具备上岗所必备的安全知识、安全技能，思想认识是否到位，安全知识考核是否合格。

（二）安全检查的形式

1. 员工自查

每天上岗前和工作中，员工要经常检查自己的身体和精神状况、生产环境和设备状况是否符合安全生产的要求，并结合各自任务检查安全防护装置、信号、工具以及个人防护用品穿戴等情况。员工自查有助于了解和熟悉作业环境，确保自身安全防护措施到位，可以有效控制或消除人和物的不安全因素。

2. 班组日常检查

班组日常检查普遍采用"一班三检"制度，即班前、班中和班后进行安全检查。班前检查的目的是消除设备工具、个体防护和作业环境中的不安全因素；班中检查的目的是及时发现并处理设备异常状况、发现和制止违章行为，及时消除事故隐患，避免人身伤害及设备损坏事故；班后检查时要清理作业现场，下班后不留隐患。

3. 定期检查

定期检查是指企业或领导部门定期组织的全面安全检查，检查时间有明确规定，如季节性检查、季度检查和年度检查。定期检查一般由主要负责人组织领导，由负责安全和保卫、施工、设备的有关部门派出专业人员和工会代表参加。在上级组织的安全检查开始前，班组应首先开展自查自纠。定期检查涉及的范围比较全面，能查出隐患，对于班组层面无法解决的问题能够直接得到反映，对生产人员能起到督促和警醒的作用。除上级部门领导和组织的定期检查外，班组还可进行每周、每月的安全检查，包括全面检查和重点检查。

4.专项检查

专项检查是指根据安全生产的需要，组织专业人员用仪器设备或其他检测手段，针对某项专业工作有计划、有重点地进行的安全检查，如电气安全检查、起重机具检查、消防设备检查、外包施工人员安全管理检查、安全设备和安全工器具检查等。

三、管理案例

【案例 4-4】"真情、友情、亲情"助班组提高安全管理水平。

（一）背景描述

班组是企业生产经营活动中基本的劳动组织，是企业安全网最基层的单位，是确保电网企业安全生产的关键。某检修公司电气试验 2 班业务范围涉及高压电气试验、油气试验、热工仪表校验等多个专业，生产压力大、人员结构年轻，给高危职业的电力生产班组带来了较大的安全隐患和安全压力。为确保班组各项生产工作有序进行、安全开展现场工作，培养和锻炼年轻班员尽快成长，班组安全教育、安全管理工作尤为重要。

（二）存在问题

班组业务范围涉及高压电气试验、油气试验、热工仪表校验、在线监测维护等多个专业，人员年龄结构以 80 后、90 后为主，年轻人多，年轻人上进锻炼意愿强烈，为班组带来了活力，但年轻人技术技能欠缺、安全生产意识较弱，对于高危职业来说，安全隐患和安全压力较大。

近年来，随着电网规模的扩大，生产班组现场工作普遍存在人员紧张、工作进度紧、安全执规严、现场工作开展难度大等问题。检修公司和省电力公司对安全生产高度重视，常态化开展现场安全督察、视频抓违章，但班组现场工作违章问题、安全隐患仍有存在。

（三）解决举措及方法

当前电力企业班组安全管理规章制度众多，班组安全管理要见成效、上水平，就必须立足于以人为本、重在管理、旨在育人，做到从细入手抓管理，以情服人、以情动人、以情管人。

（1）安全思想教育。只有思想上认识到安全工作的重要性，才会认真执行安全规章制度、学习安全知识、掌握安全技术。安全思想教育包括安全方针、政策、纪律教育，法治教育，职业道德教育，安全生产先进经验教育和事故案例教育等。

（2）安全知识教育。主要是基础知识教育，如电气安全知识、防触电、起重、焊接、转动机械设备的安全知识，及登高作业和其他各种危险作业的安全知识教育。

（3）安全技术教育。包括一般安全技术和专业安全技术教育。一般安全技术是员工必须具备的、最基本的、应知应会的安全技术。专业技术是指电气试验工种必须具备的专业安全技术。在完成一般安全技术教育的基础上，还要按照不同工种，进行专门的、深入的专业安全技术教育。安全技术还包括安全系统工程等现代化管理知识的内容，如安全文化、事故隐患评估与治理、安全规程、"两票三制"等。

（四）结果评析

1. 安全管理以真情服人

电力生产长期积累的经验教训表明，在实现安全生产的各因素中，人的因素尤为重要，而人的安全行为既取决于人的能力高低，也取决于自身安全意识和工作责任心。因此，班组应把开展安全思想教育与推动班组管理工作有机结合起来，努力把"安全第一"的思想真正贯穿于班组工作的始终。

针对班组成员工作期间的情绪、心态可能对安全生产的影响，特别是班组成员在现场工作较重、人员较紧时易对公司的安全管理如现场安全督查、视频抓违章等工作产生不理解甚至抵触的情绪，建议班组在每周的安全日活动时及时分析班组成员的思想、工作状况，帮助大家理顺情绪，并对现场违章及安全风险对班组成员个人、家庭的影响进行深入分析，动之以情、晓之以理，用真情教育人、以真情服人。

为做好班组的安全管理工作，班组在执行"纠违章、献爱心活动"过程中，就典型事例适时开展典型教育，纠违章重在献爱心，对可能的违章及时进行提醒，对危害及时进行分析，用真情对待每个班组成员。在开展班组安全管理时，坚持"重在疏导"的原则，运用"细雨润物"的方法，多在情上交融，善在理上沟通，用真情服人。

2. 安全管理以友情管人

班组成员工作期间的情绪、心态对安全生产有着重要影响，而这些情绪、心态受到多方面因素的影响，其中家庭、感情因素的影响不容忽视，如不能及时发现、引导、疏导，极易引发不安全情绪，并影响精神状态。因此，为做好班组安全管理，班组应适时开展家访座谈活动，及时了解班组成员家庭情况和困难，并在日常工作安排中尽量对他们进行照顾；在日常工作和生活中，及时关心、了解年轻班组成员的感情困扰，帮助其理顺心情，并尽力提供帮助。班组通过思想教育工作，"重在疏导""细雨润物"等方法，多在情上交融，做好班员思想工作，使他们集中精力做好本职工作，用诚心、热心、耐心、爱心来鼓舞、帮助、关心班组每个成员，在班组成员间建立起融洽的友情，以此推动班组安全管理的以情管人。

在提升班组安全管理过程中，班组通过"师带徒""党员一带二"等方式，发挥师徒之间、党员跟被带对象间的感情纽带关系，在班组安全管理中发挥正面影响和带动作用。

3. 安全管理以亲情动人

为做好班组安全工作，充分调动一切积极因素提升班组安全管理水平，坚持开展外围教育，发挥家属和家庭对班组安全工作的促进和影响作用。

每年定期开展家属参观班组及座谈活动、班组文体工会活动，邀请家属参加，提供平台、创造机会让家属了解电力员工的工作情况、公司安全生产形势等，向员工家属宣传班组文化及班组安全生产的重要性，取得家属对班组工作的理解及对班组安全工作的支持，帮助班组共同做好班组成员安全管理工作，使班组安全工作从"要管理"变为班组成员的自觉行动和自我要求。

【案例 4-5】某 110 千伏检修人员误碰带电设备触电死亡事故案例。

（一）背景描述

某变电修试公司按检修计划对某 110 千伏进行电容间隔的检修工作。员工谢某、贺某在开关柜后进行电缆试验，电缆未解头进行试验时，发现 C 相泄漏电流偏大，将电缆解头重新试验发现泄漏电流正常。试验完毕后，谢某听到开关柜内有响声，便让贺某通知继保人员前来检查。在等待的同时，谢某擅自将柜内静触头挡板顶起，对小车静触头的表面污秽等进行外观查看。继保人员解释完响声原因后，谢某在恢复挡板的过程中意外跌倒，右手腕触及带电触头，头部对开关柜顶放电，倒于开关柜中，经急救无效死亡。

（二）存在问题

问题一：工作负责人谢某违章作业。谢某身为工作负责人，却在无人监护、未戴安全帽的情况下，擅自开启已封闭的挡板，是导致事故的直接原因。

问题二：现场安全措施不到位。工作票上所列安全措施不完备，没有按安规的规定，在小车柜拉出后设置"止步，高压危险！"警告标示牌，而工作许可人又未发现这一问题，未补充设置上述警告标示牌，是造成此次事故的间接原因。

（三）问题分析

第一，工作票签发不合格。高压试验只安排了一名高压试验人员，致使工作负责人参与高压试验工作，工作人员失去监护。

第二，安全意识淡薄。工作负责人谢某在明知10千伏母线带电，开关静触头带电的情况下，仍将开关柜内挡板打开，使得带电部位暴露在外。

第三，未按规定正确使用劳动防护用品。工作负责人谢某在检查开关柜时未戴安全帽。

第四，工作许可人未严格履行安全职责，没有补充和完善现场安全措施，未在小车挡板前设置"止步，高压危险！"警告标示牌。

（四）改进措施和方法

第一，加大现场把关及现场稽查力度，严厉打击违章。

第二，严格履行工作负责人、工作监护人和作业人员的职责，作业小组成员在现场要做到相互关心、相互监督，形成一个自保、互保和群保的氛围。

第三，严格按安规要求做好安全措施的设置。

【案例4-6】地县联合"每月一演"。

（一）背景描述

随着电网规模的不断扩大、用电负荷的快速增长，电网调度和控制的复杂性也呈现出指数递增的趋势，在面对台风等恶劣天气、电网外部运行环境不断恶化等不利因素的影响下，电网的安全调度运行面临越来越大的挑战。为确保电网的安全稳定运行，地区调度班通过组织开展每月一演的联合反事故演习活动，不断强化提高电网各级调度员、厂站运行人员应对电网突发事故的处置能力，实现电网应急管理的有效提升。

某地区调度班现有成员 13 名，均为本科以上学历，其中高级工程师 1 人，高级技师 2 人，中级专业技术资格人员占一半以上，平均年龄 33 岁，是一支年轻富有活力、勇于进取担当的队伍，多次获得国家、省级、市级荣誉称号。班组管辖该地区 110 千伏及以上 118 座、直调电厂 22 座，担负着该地区八县一市二区的主网调度任务，责任重、任务多、技术性强是该班组工作的特点。

（二）存在问题

近几年该地区电网快速发展，电网结构日新月异，加之电网的外部运行环境不断恶化、台风等恶劣天气的影响，造成电网的调控复杂度和运行压力不断增加。特别是在应对各类电网突发异常故障时，需要各级调度员及厂站运行人员能够高效协同配合，以便快速、准确隔离故障，恢复用户送电。

（三）问题分析

以往应对电网的薄弱环节，主要由调控中心相关专责编制电网运行事故处理预案，各级调度人员及厂站运行人员通过学习预案，了解电网的运行风险及事故处理思路，但书面的学习相对比较单调枯燥，并且与实际操作存在较大差异。而事故处理是实操性很强的一项业务技能，不仅要对事故信息进行分析判断，查找并隔离故障点，而且恢复送电时需要考虑运行方式的调整、电网设备的事故承载能力以及继电保护，需要各级调度人员及厂站运行人员之间的相互配合才能完成。虽然以前每年地调针对迎峰度夏、抗台保电都会组织一两场反事故演习，但演习场次太少，各级调度人员及厂站运行人员参与的机会很有限，无法提高大部分员工事故处理能力。

此外，反事故演习需要技术平台的支撑，因硬件平台的制约，以前的反事故演习需要专人耗费半个月时间进行演习平台的调试，反事故演习的组织难度较大。

（四）解决举措及方法

电网的事故应急处置是电力企业非常重要的工作，要提升公司系统的电网事故应急处置能力，对电网事故应急处置的培训应符合公司安全发展和电网可靠供电的需求。

通过反事故演习提升地区各级调度员及厂站运行人员的事故应急处置能力是比较有效的措施，因此将反事故演习列为地区调度班的常规工作，通过增加演习的次数、扩大参演的范围，实现年度内所有事故预案均演练、所有故障类型均设置、地区所有厂站均参与，到以演习促学习、以演习促协作、以演习验效果、以演习升能力的效果。

反事故演习常态化，首先需要重新搭建演习平台，提供与实际电网一致的电网模型、便捷的事故方案创建功能、便利的系统接入手段、人性化的系统操作界面。其次，将反事故演习活动常态化，地区调度班根据该地区季节气候特点、各阶段保电重点、年度重点工作等精心编制年度演习计划，每个月制定一个演习主题，每次演习包括至少一个县调、一个变电运维站、一个直调电厂或大用户。全年 12 个月 12 次演习，保证地区调度班所有成员均能参与 3 次，10 个县配调、9 个运维站、25 家直调电厂及大用户至少参与一次演习，实现反事故演习的地区全覆盖。

（五）结果评析

地区调度班通过实施"每月一演"活动，有效提升了地县调度员及各级厂站运行人员的事故应急处置能力，锻炼了各单位之间的协同处理能力，检验了事故预案的正确性和可执行性。活动开展以来，通过每月的轮训，地区调度班的每位员工都完成了对地区各县网、各运维站、各直调电厂及大用户所有故障类型的演练，对地区电网的薄弱环节、反事故处理预案的掌握程度均达到了 100%，实现了事故处理正确率、调控运行无差错率、运行人员事故应急培训率 100%。此外，"每月一演"活动带动县公司及直调电厂真正开展反事故演习，县调及各厂站运行人员的事故处置能力得到了很大的锻炼，县调及直调电厂的事故处理正确率从 86% 提升到 100%，县调及厂站运行人员与地调的沟通交流得到了加强，协同应急能力得到提高。

"每月一演"活动通过对地区地县调度员、各厂站运行人员进行全覆盖式的滚动演练，强化了地区地县调度员、各厂站运行人员的事故处置能力，增强了相互之间的协同配合，整体提升了地区电网的事故应急管理水平。

【模块小节】

在运行管理中，受到多种因素的影响，会出现班组人员素质参差不齐的情况，对运行的可靠性与安全性构成严重威胁。为提升运行的效率与质量，应根据需求制定合理的培训机制与考核制度，针对员工所处岗位的不同，开展不一样的培训，进而提高相关人员的专业素质。

重视现场管理工作，做好安全预防措施，一方面要根据以往安全事故的发生记录与累积的经验，从中总结防范措施，制定合理的应急预警方案；另一方面，应对以往安全事故的原因进行分析，对各类安全事故进行概率评估，根据事故发生的原因制定合理的预防措施，合理控制好危险点，提倡安全至上，进而达到安全预防的效果。

【思考与练习】

1. 班组长应如何做好现场管理？

2. 班组长应如何开展现场安全检查？

3. 对管理现场安全，作为班组长，你有哪些心得体会？

第四节　全面管理两票

【小节说明】"两票"是指工作票、操作票。两票是安全生产保证体系最基本的工作制度，是班组长管理工作的中心任务之一，也是班组作业危险点预控的重要内容。班组长从人员培训、两票审查、奖罚机制等方面全方位对两票进行有效管理，才能统一作业现场安全管理标准，规范现场作业行为，保证作业安全。

【学习目标】第一，两票合格率达到100%；第二，两个不出事（安全不出事、人员不出事）。

管理两票具体包括以下四个步骤：

第一，开展"讲问责"两票培训。"培训"是保证执行人能力的重要环节，班组长采用"讲问责"的培训方式，打牢基础，达到人人懂两票，人人会两票，提升班组人员业务知识水平。

第二，检查、督促两票执行。班组长应设置两票检查监督机制，原则为"帮助并督促班组成员责任落实"，通过自查、互查、部门督查方式，提升班组两票合格率100%的目标。

第三，统计、分析两票情况。班组长通过对两票执行情况进行统计分析，实时掌握人员两票不合格率，并有针对性地开展学习和纠错，是促进目标实现不可缺少的一环。

第四，制定两票奖罚机制。班组长制定奖罚机制，调动员工积极性，保证责任落实。

一、开展"讲问责"两票培训

班组长采用"讲问罚"培训组合（见图4-1），培训班组成员。

第一，鼓励班组人员参加常规培训，通过专家、老师授课讲解学习两票知识。

第二，组织班组内定期开展班组培训，并根据员工上班年限展开精准培训，对新入行员工，学习能力强，采用"老带新"是非常好的培训方式，徒弟学习两票知识后，刚开始往往一知半解，师傅可以针对具体问题具体作答。对于培训新人，现场效果会极大促进技能提升，而"老带新"这种方式也可促进师傅的培训学习积极性；对于老师傅实践经验丰富，但对于常规培训学习注意力、专注度不高的情况，可以采用多提问的环节。

第三，组织人员开展实操培训，实践与理论相结合，才能牢记于心，对于实操中表现不好的，可以适当小惩罚，才能起到提醒、教育的作用，以免再次发生类似错误。这种"小罚促培"的方式，是提升培训目标不可缺少的重要一环。

图4-1 "讲问罚"培训组合

二、检查、督促两票执行

"是人就有失误，不可避免"，因此在落实两票的执行过程中，班组长应设置检查监督机制，原则为"帮助并督促班组成员责任落实"，间接提升班组两票合格率。两票管理实行三级审核制，并责任到人，班组长对本班组的两票达标全面负责，要对本班的两票设置必要的机制进行自查自纠，实现"两票合格率100%"，如图4-2所示。

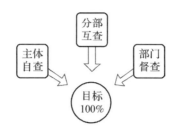

图 4-2 "两票"管理三级审核制

一是班组内进行自查，组织全站人员定期对执行的两票严格审核，确保不遗漏。

二是班组间互查，兄弟班组间用各自的经验辨别出对方的"盲区"，通过交流，彼此帮助，彼此促进。

三是领导部门督查并通过采取处罚手段提高班组人员对两票的重视程度。检查方式，主体责任自查是重中之重，互查是"人情"互补，督查是最后手段。因此，在"检查"这个环节，班组长要与其他班组、部门做好学习、沟通交流，提升优化自查机制，以促进两票检查方式"自查、互查、督查"良性开展，从而实现班组两票合格率 100% 的目标。

三、统计、分析两票情况

班组长对两票执行情况进行统计分析是促进目标实现不可缺少的一环。结合安全检查的"自查、互查、督查"建立两票统计分析表，按月分析统计不合格两票情况，实施"即知即改"，班组长通过统计分析便于两票管理，能更清晰地掌握人员两票薄弱点、易错点，才能有针对性进行再学习，查漏补缺。

四、制定两票奖罚机制

"奖罚机制"是目标实现的核心部分。班组长制定奖罚机制，才能调动员工积极性，体现个人与集体共享奖励及共担处罚原则，以经济手段促进班组对两票执行主体责任落实。一是设班组两票执行规范基础奖，班组月度两票 100% 规范执行，奖励基础奖，班组月度有不规范两票现象，则不能获得该基础奖；二是设班组两票执行规范连续保持奖；三是设班组连续月度两票执行不规范考核奖。

奖罚机制如图 4-3 所示。

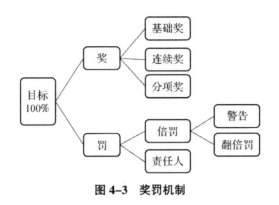

图 4-3　奖罚机制

五、管理案例

【案例 4-7】"两票"常态化治理保人员安全。

（一）背景描述

某供电公司检修班工作负责人李某到 220 千伏处理线路开关 B 相三角箱漏油缺陷。由于当日工作多，站长安排王某（平时很少例行票）许可工作票，李某到控制室办理工作许可手续时说可以让检修班组徐某先布置现场，得到王某许可。徐某独自一人到 110 千伏设备区，走错间隔到了间隔相邻的 110 千伏旁路开关间隔（该断路器运行），并从断路器操动机构处往上爬。当徐某跨上开关底座，左手上举时，断路器三角箱对人体放电，110 千伏母差保护动作，跳开该母线上所有 110 千伏断路器。徐某遭电击后，当即跌落地面，全身着火，立即被其他工作人员送医院抢救。经医院初步诊断，烧伤面积在 60% 以上，其中大部分为重度烧伤。

（二）存在问题

王某和李某习惯性违章严重，执行工作票制度流于形式，在未办理工作许可手续的情况下就擅自开始工作，导致人员触电重伤。

徐某自我保护意识和工作责任心差，到工作现场后既没有认真核对设备命名，也没有认真检查安全措施，也不管是否有人监护，一系列的严重违章行为造成事故不可避免地发生。

（三）问题分析

（1）反违章工作不扎实，班组人员安全意识淡薄，习惯性违章，两票三制治理工作不深入，工作中存在漏洞和薄弱环节。

（2）班组长平日对两票学习不深入，疏于人员管理，两票制度未能有效落实，人员安排不合理，应选有经验可胜任人员担任。

（四）改进举措及方法

（1）班组要严格落实安全生产责任制，强化责任追究。要高度重视安全生产责任制落实工作，建立健全责任追究机制。严格过程考核，确保安全责任层层落实到岗、执行到位。突出抓好反违章责任落实，全员、全方位、全过程、全时段开展好反违章工作，从严查处无票作业违章。

（2）坚持"两票三制"常态化治理。全面梳理"两票三制"治理情况，倒查治理不力责任，从严监督考核"两票三制"执行过程中的各类违规违章问题，不断提升"两票三制"治理工作成效。

（五）结果评析

（1）作为班组长如何管理好两票，核心在于以人为本原则。据资料统计，电力系统90%以上的事故是由于人的习惯性违章造成的。因此，班组长在管理中必须高度重视人的因素，坚持以人为本的原则。作为班组长应该根据班组成员的生理、心理、素质、技能等实际情况，合理安排他们的工作。防止由于人员分配不当，在施工中产生危险点，如对于技术比较复杂或难度较大的工作必须由能胜任的人员担任。对出现过习惯性违章的人员应加强监护；对有危险的工作，除了采取可靠的安全措施外，还必须由有经验的师傅带领和监护；对体质不适或精神状态不佳或生物节律处于临界期的人员，适当安排从事比较简单的工作或暂停其工作等。

（2）班组长在管理中要提高两票执行力。班组长一定要落实安全责任制，更要突出抓好《电力安全工作规程》和"两票三制"的严格执行。对在施工或操作过程中可能产生工作人员行为不当的危险点，必须以安全法规制度为指南和依据，从强化执行力着手加以防止。要结合奖惩手段和规章制度指导规范员工的行为，有针对性地采取严密的安全措施。必须严格执行工作票和操作票制度，必须具有一定实践经验的人员进行监护等。

【案例 4-8】电力自动化继电保护相关安全管理。

（一）背景描述

电网能否安全运行与继电保护装置设备密切相关。随着计算机技术和通信技术的迅猛发展，继电保护在原理上和技术上都有了较大变化，它不再是传统意义上的仪表监测、预告信号、事故音响单一管理模式，而是创设了基于计算机现代化管理技术的自动化管理模式，不仅具有装置先进、功能强大等优势，而且操作便捷、可靠性强。继电保护是对电力系统中发生的故障或异常情况进行检测，从而发出报警信号或直接将故障部分隔离、切除的一种重要措施。

某二次运维班现有成员 2 名，均为青年员工、助理工程师。班组共承担了 1 个主站、8 座变电站自动化设备消缺、技术改造、大修、新建扩建工程验收及 8 座变电站继电保护设备管理及新建扩建工程验收等工作。主要维护设备为电站继电保护设备、地县一体化自动化系统、地县一体化配网自动化系统、地县一体化电能量采集系统、调度数据网系统。

（二）存在问题

（1）二次人员对电力自动化继电保护安全意识不足。

（2）二次人员在综合自动化变电站的建设、改造、运行中，没有全过程参与继电保护装置的选型设计、安装调试、验收投运和检修技改等工作，对继电保护设备工作原理不熟悉。

（三）问题分析

二次人员应不断增强"电网安全是企业改革和发展生命线""责任重于泰山，细节决定成败"意识，树立"安全无小事""一切事故都可以预防"的安全理念，并把安全意识和安全理念转化为具体的行动和工作措施。在工作实践中，应注重分析和研究已经发生的事故，明白应该怎样、不应该怎样，增强遵守规程、规定及规章制度的自觉性。

在综合自动化变电站的建设、改造、运行中，继电保护工作大致可分为电气设备、继电保护装置的选型设计、安装调试、验收投运和检修技改等三个关键环节。把握这三个关键环节，是电力自动化继电保护安全管理的重点。

（四）解决举措及办法

二次人员应坚持事无巨细、防患于未然的原则，兢兢业业做好设备的正常维护及定期检验工作，以高度的责任心保证设备的健康；误调度、误操作及三误事故都是因为执行规章制度不严格、不认真造成的。因此，电力系统员工应养成自觉认真执行规程制度的习惯，强化标准化作业和危险点分析与控制工作，如调度员在受理线路工作票时，对工作票所列任务、安全措施及要求，逐项审核，不合格的工作票必须重新办理；下倒闸操作命令，术语要规范，并严格执行调度命令票制度。

1. 选择质量过关的设备

在继电保护产品的选择上，应选择使用知名厂家、技术成熟、设计完善、性能稳定可靠的继保产品，确保设备硬件质量过硬，能在系统中长期稳定运行；禁止选用技术过渡型、性能不稳的设备，以免导致在运行中出错或发生缺陷，耗费大量物力、人力进行更换改造。在设计上，应科学设计、合理配置，使继电保护、计量、测量、信号、控制、远动等相互配合，保证整个系统处于高水平运行状态之下。确保电力设备的安全运行。

2. 调试环节需要仔细

在综合自动化变电站建设中，继电保护涵盖测量表计、后台监控、直流系统、五防、远动等众多环节设备。因此应完善开展调试安装，明确继电保护与这些设备间的责任界限与分工，使之相互配合协调；同时，应做好基础数据的录入、系统数据库的建立以及对各设备的联合调试等工作。对于继电保护装置的新安装校验，应对其加入80%额定电压，模拟系统可能发生的各种故障，确保装置各条逻辑回路的正确性得到一一验证；针对计算机装置防潮、抗干扰性能较差，安全系数、工作可靠性有限，容易引发雷击现象，应采取"电缆屏蔽层两端接地"抗干扰规范，在二次回路及网络线配置避雷器，在直流电源处加设稳压与滤波设备，在变电站控制室加设调节室温空调设备等措施，保障自动化继电保护装置接线可靠牢固。

3. 加强设备的后期维护

设备的验收投运及运行维护，除了一些常规整组传动保护试验，还应着重强化对各项设备遥信、遥控、遥调与遥测操作的验收，依据各项设备客观特征制定适应性操作运行规程；竣工图纸、校验报告书、技术资料及时报送管辖单位及运行操作班，为今后的运行维护、检修改造做好技术上的准备。在设备运行前，应加强运行操作人员的现场培训，使之熟悉变电站的运行方式、主接线情况，学会使用操作微机装置；在设备运行过程中，应规范测量、数据通信、网络线等设备的周期性检验制度，确保继电保护及其相关设备安全稳定运行，发挥综合自动化变电系统的高水平运行状态。

（五）结果评析

　电保护装置是关系到电网安全稳定运行的重要设备，电力系统不可缺少的重要组成部分，电网安全稳定运行的第三道防线。但由于现行继电保护运行环境还没有得到根本改变，加之电力系统容量不断增大、供电范围日益广泛、系统结构日趋复杂，电力自动化系统对继电保护的安全管理提出了更高的要求。

【模块小节】

"两票"包含着员工对安全生产居安思危的责任感，是安全生产最根本的保障，"两票"管理是一个长久持续的工作。一是通过强化作业现场"两票"的规范使用和执行，有效防控现场作业风险，杜绝因"两票"执行不到位或执行不规范所导致的事故、事件；二是加强"三种人"的自学及对"三种人"的培训和普考，确保"三种人"的技能水平满足上岗要求；三是各级管理人员、现场作业人员在"两票"管理和执行中严格履行各自的岗位职责，确保工作票"三种人"、操作票监护人、操作人等的工作职责履行到位；四是加大"两票"在执行过程中的监督、检查力度，发现问题及时统计、分析和整改，严格做到问题有统计、有分析、有整改，杜绝同类问题重复发生；五是加大"两票"培训、监督检查的频度和力度，全面提升"三种人"的安全专业技能，大幅度减少"两票"在填写、签发、许可、执行环节存在的问题，有效提升现场作业管控水平。

【思考与练习】

1. 作为班组长如何开展员工两票培训？

2. 部门在审核班组两票中始终出现不合格的情况，作为班组长应该怎么做？

3. 两票管理奖罚机制如何制定及实施？

第五节　管理隐患缺陷

【小节说明】本节主要帮助班组长管理班组成员发现的隐患、缺陷。通过严控隐患缺陷的发现、记录、归档、跟踪、处理、验收等环节，从而实现隐患缺陷的全闭环管理。

【学习目标】学习隐患缺陷的管理流程，掌握隐患缺陷管理各环节的关键点及注意事项，确保班组缺陷隐患可控在控，提高班组安全运行水平。

管理隐患缺陷具体包括以下四个步骤：

第一，隐患、缺陷的发现。加强班组成员巡视要点培训工作，针对容易忽视或遗漏的巡视内容组织专题讨论，提高班组成员发现隐患缺陷、举一反三的综合能力。

第二，隐患、缺陷的记录与归档。随车配备红外测温仪，督促班组人员现场通过数字化平台做好隐患、缺陷的具体位置、设备外观、红外热像图等相关参数记录，事后及时做好数字化归档整理工作。

第三，隐患、缺陷的跟踪与处理。利用交接班、班前会等机会对所辖子站存在的隐患、缺陷进行交代，使得各组员工对自己管辖范围内的缺陷有所了解。对于发现的隐患、缺陷，能处理的尽快处理。

第四，隐患、缺陷的验收。隐患、缺陷处理后，应规范值班人员验收流程，并及时在隐患、缺陷档案中进行记录。

一、隐患、缺陷的发现

隐患、缺陷管理的源头是发现隐患、缺陷。发现隐患、缺陷的能力与员工的技能水平和工作经验相关。在日常管理中，应加强班组成员巡视要点培训工作，督促班组成员依据有关标准、规程等要求，认真开展设备巡视、操作等工作，及时发现设备隐患缺陷，针对容易忽视或遗漏的巡视内容组织专题讨论，提高班组成员发现隐患缺陷、举一反三的综合能力。

注意事项：日常巡视维护的缺失，将使得隐患、缺陷难以被及时发现。对于情况比较复杂的隐患缺陷，应进行专题分析，确保班组成员知道为什么会发生隐患缺陷、如何发现这种隐患缺陷、这种隐患缺陷的危害以及注意事项等。

二、隐患、缺陷的记录与归档

日常巡视维护发现的隐患缺陷，需要做好记录与归档，为后续的隐患缺陷管理提供详尽的资料和依据。在班组管理中，应随车配备红外测温仪、拍照设备等工具，方便班组成员及时将隐患、缺陷的各种表象、细节拍下来，辅助以文字描述，便于后续给隐患、缺陷定性，以及各专业班组安排处缺工作。

同时，因发现的隐患缺陷，不一定能够很快得到处理，因此需要对隐患缺陷进行整理归档。在日常班组管理中，应督促现场的班组成员通过变电运维数字化平台做好隐患与缺陷的录入，并重点关注主设备、设备部件、部件种类、红外热像图等相关参数记录。

做好隐患、缺陷的记录与归档工作，将有助于其他员工通过数字化平台查看隐患缺陷的图片信息以及文字描述，便于后续对隐患缺陷进行跟踪处理。

注意事项： 隐患、缺陷的记录与归档应统一格式、规范化记录语言，便于随时随地查询。

三、隐患、缺陷的跟踪与处理

隐患与缺陷记录归档后，还要进行跟踪回顾，以确定隐患缺陷是否有进一步发展。在日常管理中，可利用交接班把本值新发现和已处理的缺陷进行交代。或者利用班前会的时间，集中人员对所负责的子站进行学习，使得各组人员对自己管辖范围内的缺陷有所了解。或者利用安全活动、月度站务会议等机会定期对所辖区域存在的隐患、缺陷进行回顾。

其中，危急缺陷处理不超过 24 小时；严重缺陷处理不超过 1 个月；需停电处理的一般缺陷不超过 1 个检修周期，可不停电处理的一般缺陷原则上不超过 3 个月。

注意事项： 发现危急缺陷后，应立即通知调控人员采取应急处理措施。缺陷未消除前，根据缺陷情况，运维单位应组织制定预控措施和应急预案。对于影响遥控操作的缺陷，应尽快安排处理，处理前后均应及时告知调控中心，并做好记录。必要时配合调控中心进行遥控操作试验。

四、隐患、缺陷的验收

隐患、缺陷处理后，运维人员应进行现场验收，核对隐患、缺陷是否消除。隐患、缺陷确实得到处理后，应及时在变电运维数字化平台进行记录，说明隐患、缺陷的处理情况，完成闭环管理。

注意事项：隐患、缺陷处理后，应规范值班人员验收流程，确保设备零缺加运。

五、管理案例

【案例 4-9】管理隐患缺陷要"从娃娃抓起"。

（一）背景描述

在隐患缺陷中，辅控问题一直是班组长比较头疼的一件事，部分电子围栏投运时间长，支柱老化严重，断线倒杆普遍，且经常被树枝和藤蔓缠绕，导致无法正常工作；消防设施中，消防烟感探头和线路常年不维护，部分已失去功能，且影响消防主机正常工作；门禁系统抗干扰能力差，受雷雨后系统失电，门锁自动打开，且刷卡感应器也经常失灵；低压用电系统包含消防、安防、门禁以及空调照明等负载，部分低压负载存在交流空气开关混用并接，造成回路容量过载跳闸情况，影响安防、技防运行。

（二）问题分析

班组长解决问题的思路：首先要从班组成员、设备、工作环境及生产管理等各个方面，梳理班组的安全与生产承载能力；然后找出班组存在的安全短板，班组成员基本都是"变电运行"出身，缺乏变电辅助类设施工作原理的技术培训，班组成员对应的专项技能不足，需加强这些方面的培训学习；最后与各维保单位的沟通协调缺乏约束力，导致问题处理的效率不高。

（三）改进举措及方法

（1）做好辅控设施的专项技能培训工作。积极与维保厂家沟通，做好班组培训工作，帮助班组成员熟知设备基本构造和工作原理，进一步提高隐患缺陷的排查处理工作效率，做到早发现、早解决。

（2）及时检查并落实。隐患缺陷需要闭环管理，班组长可专门指定专人负责隐患缺陷工作，做到有建档、有跟踪、有处理工作的落实反馈。

（3）提高班组管理规范化。组织维保单位、安监等相关部门召开协调会议，对安全保卫工作以及变电站中"安防""技防"设备的维保工作做了新的要求。重新梳理修订相关规则制度，进一步明确保卫人员岗位职责和日常工作项目，另外还制定了变电所安防、技防、图像监控系统、门禁系统等设备的维保标准。

（4）强技术，提高设备的完好率。在安监部门大力支持下对变电所内"安防""技防"设备进行了改造和维修，做到辅控设备基本完好，提高人防安全。

【模块小节】

班组长做好隐患缺陷管理，首先要培养班组成员练就"火眼金睛"，做到强化人员技能知识水平，要在平时的隐患缺陷排查中不断学习和总结经验，增强防患于未然的能力；其次是各类隐患缺陷必须进行闭环管理，时刻关注缺陷变化和实施缺陷整改情况，不能立即处理的应做好预控措施和应急方案，并做好消缺后的验收工作。

【思考与练习】

1. 隐患、缺陷处理后，如何规范值班人员的验收流程？

2. 隐患、缺陷的记录归档常见错误有哪些？如何避免？

3. 班组长如何做好隐患缺陷管理工作？

第五章
开展班组文化建设

第一节 开展创新工作

【小节说明】班组创新工作是指班组长结合班组实际工作内容，积极组织班组成员以解决生产运行的难点痛点、提高生产效率为目标，对生产的工具、技术、流程等进行创新，积极进行创新申报及获奖。

【学习目标】按照省市公司对创新工作的要求，积极营造班组创新氛围，有效解决工作中的难点和痛点。

开展创新工作主要分为以下三个步骤：

第一，创新工作宣贯，更新班组成员的思想意识。打开班组成员的思路和意识，让班组成员主动加入创新队伍。

第二，营造创新氛围，培养班组成员创新积极性。发挥绩效的积极作用，在时间和奖励方面给予创新行为一定的倾斜，把枯燥的创新变为愉快的创新。

第三，探索创新方法，为班组创新工作进行服务。进行创新方法的培训，武装班组成员的创新能力，提升创新结果的实用性和效率。

一、创新工作宣贯，更新班组成员的思想意识

创新工作对于公司生产有重要的影响作用，是公司不断发展前行的不竭动力和源泉，是提升工作效率、降低成本、完善管理措施等方面的有效手段。及时将公司

的创新文件向班组全员进行宣贯，辅导班组成员提高自身的开创能力和敢于创新的信心和勇气，加强理论学习，增强技能本领，与时俱进，提高自己的知识面、专业化水平，拓宽眼界和视野；引导班组成员增强创新意识，解放思想，改变墨守成规、固步自封的思想，积极主动创新思维方式，在积极创新中勇于承担重担，鼓励大家融入班组创新队伍中来。

二、营造创新氛围，培养班组成员创新积极性

组建开放性的创新团队，采取固定组织架构＋任务团队的模式，适度减少人员流动的限制，运用不绑定、不固定、不摸鱼的三不策略保障创新工作持续、稳定地开展。

吸引并选择特质与认知相似的员工，在解决问题摸索中鼓励大家求同存异，促使大家的认知逐渐趋于一致，一致的个体特质决定创新气氛的形成，对于组织创新气氛的形成具有十分重要的意义。同时，创造有利环境与协调人员与个体、组织的关系，强化互动，帮助成员逐渐形成互商、互助、互敬的良好创新氛围，最大限度地发挥人员效能。

三、探索创新方法，为班组创新工作进行服务

充分运用常规的创新方法，如劳动竞赛、科技成果评比、合理化建议、QC 评比活动、"五小"活动等，总结并形成固定成果，积极申报奖项，努力转化成果，服务于公司业务，为创新人员争取合理的荣誉和奖金。

积极探索创新工作方法，不局限于常规，引入社会资源，充分运用下列方法。

（1）人才孵化：发挥技术能力强师傅的"传、帮、带"作用，快速提高新员工的实际操作技术和理论业务水平，形成良好的学习氛围，给新员工提供足够的平台和机会，促进其尽快成长，发挥新鲜血液应有的功效，尽快加入创新队伍。

（2）旗帜领航：海选课题，班组长亲自带头，带动成员主动性，开展头脑风暴，让大家立足于岗位，善于发现工作中的典型案例，积极汇报或提出金点子、创新想法，大家一起探讨，分享信息，交流意见，带动全体班组成员的积极性。

（3）校企联合：与培训中心、高校、职专等学校加强合作，拓展课程，综合提升班组成员的能力，打破业务范围的局限，引入科技、材料、思想、沟通等方面的先进知识与经验，查找自身不足，从中取长补短，互相帮扶，相互促进，为公司与

班组的创新工作进行服务。

四、管理案例

【案例 5-1】螺栓型与卡扣型的创新之争。

（一）背景描述

某班组，多人反映绝缘操作杆的接口需要进行改造，因为伸缩结构的原因，进行推拉、旋转、敲打时，伸缩式绝缘操作杆经常出现自动回缩、连轴旋转、敲打无力等情况，严重影响了使用效果。对此，班长在班组举办了创新课题擂台，将日常工作中的困难形成课题，带动全体班组成员进行技术革新和工具改造，以点带面，形成良好的创新氛围。很快在班组形成了两个课题小组，A 小组主张采用金属螺栓型对接装置进行改造，并对操作端头进行同步改造；B 小组主张采用金属卡扣型对接装置进行对接，同样也提出了端头改造。结果固然重要，大家的研究热情被激发出来更重要，参加两个团队的人数几乎涵盖全体班组成员，怎样协调他们同步自己团队的思想和步骤比结果重要。班组长将擂台的奖励从半天的休息时间提高到一天，一个月后两个团队拿出成品进行验收 PK，并适当调整了生产任务给予团队研究一定的创新时间。

（二）创新亮点

班组长没有以结果论英雄，而是抓住了此次参与人数众多的契机，尽最大能力激发创新团队的热情，用深度参与的过程替代书本培训。

（三）主要做法

（1）利用生产困难制造课题，把生产与创新有效结合。

（2）合理运用权限，为创新工作创造有利条件。

（3）打开管理思路，不以结果论英雄，把提升全体人员的积极性作为重点目标，让职工不再背着包袱创新。

（四）结果评析

创新工作的持续有效开展将极大地提升生产效率，同时也将产生可观的经济效益。作为基层管理者，班组长及时搜集问题与困难，并有效开展 QC、五小创新、合理化建议等创新工具，对公司的发展带来源源不断的生产力。

【模块小节】

班组创新工作是班组技术沉淀、经验积累的有效体现，班组的创新是班组全体成员的共同努力与荣誉象征，通过班组创新工作，能够打造班员钻研技艺、解决问题、勇于分享的班组氛围。

【思考与练习】

1. 班组创新的方式方法、获奖途径有哪些？

2. 如何让班组成员有创新的意识并积极探索？

第二节　开展廉政工作

【小节说明】本节从倡导廉政理念，注重廉政思想渗透；营造廉政氛围，注重廉政宣传力度；注重廉政思想培养；建立廉政建设长效机制，保障廉政建设措施落实四个方面，对班组廉政建设实践的措施进行分析，推动反腐倡廉工作，促进班组健康发展。

【学习目标】开展廉政学习，深化警示教育，开展廉政风险防控，开展廉政风险大家谈活动，提高员工拒腐防变和抵御风险的能力。

开展廉政工作具体包括以下三个步骤：

第一，组织班组廉洁学习，持续深化警示教育。认真落实公司警示教育工作部署，增强"不想腐"的思想自觉。

第二，开展廉洁风险防控。对班组业务范围的廉洁风险进行讲解，使班组成员充分了解、详细掌握业务范围内的廉洁风险和应对措施。

第三，加强监督检查，强化制度执行监督。对班组关键环节、关键岗位的运行情况进行监督检查，发现是否存在以权谋私等行为。

一、持续深化警示教育

班组长及时组织班组成员学习党规党纪、党风廉政建设形势任务、典型案例等，引导班组成员树立廉洁从业意识，营造良好风气，减少和避免违纪违法问题发生。

（1）抓好廉政文化进班组的宣传教育。积极组织开展廉政教育，切实注重班组自身实际的主题教育，使员工做到自重、自省、自警、自励；开展学习反面教材的教育活动，使廉政理念入眼、入耳、入脑、入心，达到潜移默化的效果。

（2）加强规章制度学习。强化廉洁教育提醒，组织班组成员学习党章党规党纪、廉政典型案例、结合自身岗位分析廉政风险，杜绝廉政隐患。把党风廉政建设和反腐败工作放到首位，强化教育、预防为主。

二、开展廉洁风险防控

结合业务管理的每一个环节和每一个岗位，开展廉洁风险排查，制定防控措施。

（1）深入开展廉洁风险防控。从岗位职责、业务流程、制度机制以及外部环境等方面入手，查找廉洁风险点、制定防控措施，形成岗位廉洁风险防控责任清单。

（2）常态化开展风险隐患和防控措施。拒绝业务相关人员人情往来；对班组业务进行人员乱序抽样复盘，形成内部监督体系，营造廉洁从业干事干净的工作氛围。

（3）定期开展晨会、班会组织开展廉洁谈话三分钟及廉洁警示小短句分享，提醒班员工要时刻警醒、警钟长鸣，严守底线，提高认识，从思想和行动上杜绝发生腐败。

（4）开展廉洁风险防控中的组织廉洁风险大家谈活动，班组长应及时对业务范围内的廉洁风险向员工进行讲解，积极引导员工谈自身业务、自身岗位存在的风险，并进行纠偏和完善。

三、强化制度执行监督

对廉洁风险防控措施落实情况进行监督检查，对发现的党风廉政建设问题及时提醒。加强对员工执行业务管理制度、作风纪律规定等制度情况的监督，确保制度执行不走样、不变通、不降低标准。

（1）建立和完善内部规章制度。加强对员工执行业务管理制度、作风纪律规定等制度执行情况的监督，确保制度执行贯彻如一，努力做到用制度规范人、管理事。

（2）实现廉洁谈话工作常态化。深入开展风险全隐患排查，认真梳理岗位职责风险、工作流程风险，对各个工作环节的责任明确到人，切实起到监督约束作用。

四、管理案例

【案例5-2】提升员工心能水平，深化廉政风险防控。

（一）背景描述

某供电所是供电企业服务千家万户的第一战线，担负着为县经济社会发展、百姓安居乐业提供安全优质可靠用电的重要任务，供电所工作作风和服务质量的好坏，直接关系着供电企业的形象和效益。因此，加强供电所员工的廉洁从业教育，强化员工"干事、干净"的工作理念，着力化解存在的廉政风险，提升供电所的廉政风险防控力度，对促进供电企业党风廉政建设和提升企业的社会形象有着重要作用。

（二）存在问题

（1）在供电所，非全民员工占有比例偏高，而非全民员工的构成来源，一是为方便服务农村用电客户吸纳的镇、村电工；二是企业2004年改制后为加强管理招聘录用的大中专毕业生。员工整体文化素质水平偏低，技术业务水平普遍不高，员工的管理能力及优质服务水平尚待进一步提高，个别员工的优质服务意识淡薄，跟不上企业管理和发展的步伐。

（2）在历次廉政风险防控座谈会中，员工们结合实际提出了多条关于营销服务、业扩管理等方面存在的廉政风险，一些重点领域和关键环节仍然缺失制度的制约；虽然制定了相关规章制度，廉政风险防控措施不能与业务流程有效地结合，制度"形同虚设"，其监督制约作用不能得到发挥；一些制度则缺乏可执行性，甚至不合时宜，亟须修改和完善。

（3）员工接受廉政教育的程度不足，个别员工廉洁从业意识不强，拒腐防变的能力有所欠缺。在业务流程中，后一道工序未能对前一道工序进行仔细的检查与监督，不能及时发现苗头性问题和潜在隐患。个别重点岗位人员没有及时轮岗交流，从事同一项工作的时间跨度长。因而规范化管理有待进一步加强，进而减少监督失效、制约失控的现象。

（三）问题分析

（1）当前，经济社会加速发展，用电客户对用电质量的需求随之不断增长，对于贯彻好"四个服务"宗旨，安全生产、优质服务的工作责任带来更大的工作压力，工作节奏明显加快；新设备、新技术的广泛运用以及企业的规范化、精益化管理，对员工技能水平和综合素质要求越来越高。供电所的员工整体文化素质水平普遍不高，应着力提升员工心理健康调适能力，提高员工廉洁从业的心理资本，提升员工队伍的岗位技能水平和综合素质，员工才能真正提升廉洁从业和优质服务的能力和水平，供电企业才能安全稳定和谐发展。

（2）惩防体系企业化就是将惩防体系建设融入管理的规章制度、嵌入工作的业务流程，达到"事前防范"的目的。完善的、可执行的制度对于廉政风险的"事前防范"就显得十分重要。而制度建设是制定制度、执行制度并在实践中不断检验和完善制度的过程。这个过程中，必须紧紧围绕企业中心，抓住权力运行的关键岗位和重点领域，以"有没有、做不做、实不实"为标准，狠抓内控制度的建立、完善和执行，努力实现制度全覆盖，不断增强制度执行力，确保制度可执行性。

（3）抓好反腐倡廉建设，责任落实是关键。应以全员责任为目标，分解惩防体系建设责任，努力形成反腐倡廉人人有责任、层层有压力、事事有监督的防控体系。应以动态运行管理为基础，以岗位廉政风险防控工作为抓手，以协同监督机制为保障，把风险防范触角深入各个班组、各项业务流程和各个重要岗位，全面构建科学管控与惩防体系。

（四）解决举措及方法

1.提升所属员工心能与技能水平

全面实施员工心能、技能提升工程。在心能提升方面，通过宣传动员和教育培训营造全员关注心理健康的氛围，建设有效的工作平台，形成"点、线、面"结合的实施模式，培育一批懂理论、会业务、能操作的心能工作骨干，定期开展专项心理调研和评估，了解所属员工的心理健康状况，加强员工的心理疏导和人文关怀，及时化解员工的心理、工作压力，以帮助员工更安全地生产、更愉快地工作、更幸福地生活。

在技能提升方面，将培训指标列入绩效考核管理体系，建立常态学习机制，深化岗位持证培训，组建协作性学习小组，组织传帮带活动、岗位技能比武竞赛，鼓励帮助员工学历教育，进而提升员工队伍的技能水平和综合素质。

2. 狠抓内控制度的建立、完善和执行

制度的持续有效在于制度的完善与执行。针对现有制度存在的不足和缺陷，对笼统的规定尽量明确化，对原则的表述尽量具体化，对不合时宜、有明显问题的内容进行调整、修订和完善；需要细化的，则制定实施细则；对不符合现实要求的就停止制度的执行。领导干部应充分发挥表率作用，树立制度面前没有特权、制度约束没有例外的意识；员工应加强制度学习，营造自觉遵守制度的良好氛围；班组应加强指导和帮助，及时解决执行过程中出现的问题，并运用发生的违规案例开展警示教育。同时，要加强制度执行情况的跟踪、监督与考核，建立班组之间、员工之间相互监督的制衡机制。

3. 全面推进廉政风险防控机制建设

重点岗位人员大部分是直接接触、服务用电客户，如抄表工、业扩专责等。在深化防控体系建设中，加强动态运行管理，细化、量化、完善每周、每月动态风险预控工作，深入分析当前反腐倡廉建设中存在的困难和问题，并提出风险预警，及时反馈和评价。通过深度访谈、调查问卷、座谈会等形式，在各类重要管理岗位中查找岗位廉政风险点，并制定有针对性和可操作性的廉政风险防范措施和防范重点。而风险点制度和工作机制防控体系建立后，则要建立完善的工作考核评估机制，来促进风险点制度和防控体系的有效实施，如采取日常检查、专项工作督查、实地检查、重点抽查等方式方法，对风险防范管理工作实行考核评估，同时建立风险评价和处置程序，定期召开"廉政风险会诊"，以班组内部评价、自我评价、上级监察部门抽查检查等三种方式，深入开展廉政风险防控工作评价；对共性问题提出整改意见，对个别人的问题则进行警示提醒、诫勉谈话等方式责令改正，实现对员工的廉政预警、动态监督和保护挽救。

（五）结果评析

通过不断加强党风廉政建设，同时在重点岗位人员特别是权重职轻的员工中，开展有针对性的、个性化的反腐倡廉主题教育，开展廉洁文化阵地建设，利用简报、网页、电子屏和微信等平台，发送廉政标语、格言和警句，积极推进廉洁文化进班组、进家庭活动，营造积极向上、和谐共赢、荣辱与共的廉洁文化氛围，员工逐渐树立起廉洁从业的坚定意识。有了廉洁文化的良性积淀作支撑，员工渐渐有了足够的向心力与凝聚力，并化廉洁从业为自觉、常态的行为。

综上，供电所的廉政风险防控应结合站所自身实际，坚持标本兼治、综合治理、惩防并举、注重预防的方针，以维护党的纯洁性为主线，以科学的管控和惩防体系建设为重点，以制约和监督权力运行为核心，以廉洁文化建设为引领，以健全风险防控机制为支撑，积极推进教育、制度、监督、惩处、改革等各项工作，逐步建立供电所廉政风险防范和权力运行监控长效机制。在此基础上，积极开展创建廉洁从业模范班组工作，并对所属各班组廉政风险防控管理进行效能监察，通过效能监察，纠正行为偏差，建立健全长效机制，强化源头治理，为供电所安全和谐稳定发展保驾护航。

【案例 5–3】麻痹带来了下岗惨痛结果。

（一）背景描述

2019 年 10 月 12 日 21 时 42 分，某县供电公司农电工赵某酒后驾驶一辆小型普通客车，被执勤民警查获，经公安局交通事故鉴定所鉴定，赵某被查获时静脉血液中的乙醇含量为每 100 毫升 168.49 毫克。2020 年 2 月 28 日，赵某因犯危险驾驶罪，被法院判处拘役三个月，缓刑六个月，并处罚金人民币 9000 元。赵某身为共产党员，被司法机关依法追究刑事责任，地方纪委给予赵某开除党籍处分，县供电公司收到地方纪委《关于给予赵某开除党籍处分的决定》后，给予赵某解除劳动合同处分。

（二）存在问题

涉案人员存在思想麻痹、对酒驾醉驾问题的严重性认识不足、侥幸心理作祟等情况，因酒驾醉驾失去自由的驾驶人用他们的亲身经历向大家敲响了"生命无价，酒后禁驾"的警钟。

（三）问题分析

（1）存在侥幸心理。认为"不会那么巧被交警撞上""节日期间交警也要过节""时间晚了交警早下班了""没喝多少酒达不到酒驾标准"，缺少"拒绝酒驾"的主动意识。

（2）认识不够。对酒驾存在误区，如"隔夜酒不算酒驾""酒后在没熄火的车里休息不算酒驾""药酒、保健酒不是酒""酒后骑摩托车、电动车不算酒驾""酒后挪车不属于酒驾""服用醒酒药可以应付酒驾检测"等，酒驾醉驾定性是依据驾驶人血液内酒精含量来确定的，与驾驶人所处情形无关。

（四）改进措施和方法

认真学习领会《中华人民共和国道路交通安全法》等法律法规，自觉遵守交通法规，积极宣传交通文明知识，纠正不文明交通行为，维护交通秩序。从自身做起，率先垂范，经常教育和提醒身边的人，树立文明交通意识，关爱自己和他人的生命，做文明交通的倡导者、实践者和守护者。

（五）结果评析

酒驾醉驾的法律后果非常严重，不但会使人财产损失、失业、坐牢，少数由醉驾引发的恶性交通事故还会遭受重大人身伤亡。目前，酒驾醉驾已纳入个人信用记录。

《国家电网公司员工违规违纪惩处细则》第六章第四十六条"违反行政管理秩序，被行政拘留的，视情节轻重，给予警告至留用察看处分"，第四十七条"构成犯罪，因情节较轻，依照刑法规定不需要判处刑罚或免除刑罚的，人民检察院作出不起诉决定的，视情节轻重，给予记过至留用察看处分"，第四十八条"被依法追究刑事责任的，解除劳动合同"。

【模块小节】

开展廉政工作是班组长管理员工的红线要求，建立长效的廉政机制是班组长廉政工作落实的有效保障，反腐倡廉工作是国家电网有限公司持续主张的不变方向。

【思考与练习】

1. 班组廉洁学习的方式有哪些？
2. 廉政工作应该从哪些方面抓起？

第三节　开展宣传工作

【小节说明】本节从开展宣传工作出发，为生动展现"大国重器"形象、电网班组的无私奉献、电力工人在"平凡岗位"践行初心使命的责任担当，从党建宣传、班组宣传、个人宣传三个层面，为班组长开展宣传工作进行分析并给出具体措施，让班组管理充满生机和活力，培养出高素质技能人才队伍。

【学习目标】开展党建宣传，学习相关理论并开展思想宣传活动；进行班组宣传，提升班组凝聚力和知名度；通过个人宣传，树立班组榜样。

开展宣传工作具体包括以下三个步骤：

第一，开展党建知识学习；

第二，进行班组活动宣传；

第三，组织个人优秀事迹宣传。

一、开展班组党建宣传

"强根铸魂抓党建，凝心聚力谋发展"，坚持党的全面领导，坚定不移推进全面从严治党，深入实施"旗帜领航"党建工程。班组长可以通过党建宣传，带领班员进行相关理论学习，了解更先进的理论体系，思维方式，同时以党建引领，强化担当作为开展相关活动，推动公司电网高质量发展。

（一）开展集中理论学习

班组长对班组成员开展集中的党建理论宣传，学习"三严三实"专题教育、"两学一做"学习教育、"不忘初心、牢记使命"主题教育、党史学习教育等一系列集中学习教育，利用"讲－听－学－悟"宣讲方式，将理论宣讲、交流座谈、总结提升有机融合，打造接地气的服务课堂。同时，采取集中轮训、专题培训、举办读书班等多种形式提升班员政治素养。

（二）举办党建思想宣传活动

班组长做好班组成员思想动态调研和谈心谈话，带领班组成员在营业厅为环卫、城管、交警等城市守护者提供暖心服务，进行党建宣传。

二、进行班组活动宣传

班组长结合实际，设计适合班员特点、便于班组成员参与、符合班组成员需求的宣传媒介。

（1）线上宣传：利用微课、短视频、客户端进行宣传，题材选择上以电网行业需求为前提，内容主题则聚焦于工作中的危险点和困难度，并紧密结合公司的关注热点。

（2）线下宣传：充分运用图片、文字、海报等媒介进行宣传，内容围绕班组建设方面，发布的图文应符合国家电网有限公司的要求，制作高质量、完整性强、易入人心的内容进行展示，了解观众想看的热门内容及乐于接受的展现形式，统一思路与方向。

注意事项：

（1）线上不要局限形式，要进行多元化的优质数据维护，定期与@的粉丝、评论的粉丝、私信的粉丝互动。

（2）线下宣传可根据自身需求，设置关注回复区，定期前往回复等。

三、组织优秀个人宣传

为大力弘扬劳模工匠精神，展示中国工人阶级在奋斗中创造精彩人生的时代风采，班组长可以通过让青年工匠宣讲劳模故事、整理制作优秀课件，使班组成员形成"你超我赶"的局面。

（一）青年工匠宣讲劳模故事

电力事业与经济社会发展、人民生产生活息息相关，是党的事业的重要组成部分。班组长通过青年班组成员讲故事，不仅让青年班组成员深入了解了老一辈的精神，还让所有班组成员都有了共同的奋斗目标：坚守中国共产党人的初心和使命，弘扬中国特色社会主义核心价值观，爱岗敬业、无私奉献。同时，班组长也可以借此契机，讲述班组内老一辈员工的故事，树立一个班级榜样，使得所有班组成员知道榜样在身边，向榜样靠齐，形成"你超我赶的局面"。

（二）整理制作优秀课件

班组长可以分阶段、分板块开展班组微讲堂活动，整理制作优秀"班前十分钟"红色宣讲课件，转发至其他班组学习，一方面扩大优秀宣讲故事的影响力，在全公司范围内营造良好氛围，另一方面通过推送"学习套餐"的形式，既方便班组成员学习，提升了学习效率，又扩大了宣传面。

四、管理案例

【案例 5-4】别让班组文化建设停留在纸上。

（一）背景描述

在班组管理中往往会遇到各种各样不同的问题，团队氛围不和谐、团队能力参差不齐、团队积极性不高等。如何应对这些问题是很多班组长一直以来都在思考的问题。班组文化对于以上问题起着至关重要的作用，有良好班组文化的班组，必定是一支和谐的高素质、能力强的队伍。

（二）存在问题

班组是企业的细胞。企业的所有生产活动都在班组中进行，班组工作的好坏直接关系着企业发展的成败。

早期的人员短缺导致技术断层，解决方法就是不断补充新人员。频繁的人员变动，会导致班组同事之间只有工作关系，而每天在一起工作却不是朋友，每天需要相互合作却不是伙伴，和一个熟悉的陌生人一起战斗，你放心吗？没有感情的团队是散兵游勇，毫无战斗力。班组文化欠缺常常表现为：团队氛围不和谐；员工拉帮结派，组建自己的小集体，脱离大团队而使大团队呈分裂态；员工有"当一天和尚撞一天钟"的消极工作态度，缺乏主人翁意识；员工以"自我"为中心，工作合作效率低。员工们社会背景和教育背景不同，性格和兴趣不同，如何调和这样一个大集体，使他们主动为集体贡献力量，为维护集体团结努力是严峻且迫切需要解决的问题。

（三）问题分析

团队不和谐、向心力不足等现象主要原因是员工的自我意识太强，团队缺乏向心力。在这样的团队中，队员没有一个统一的奋斗目标，所以，对待同一件事会有截然不同的态度和方法。队员们互相指责或互相攻击，因为基于自己的目标，他们都认为各自的做法是正确的。这种团队效率是"1+1<2"。所以，塑造一个统一的正确的价值观，对于团队来说至关重要。而价值观的形成则以班组文化建设的形式存在。

班组文化实质上是班组成员共同认定的思维方式和办事风格，是组内成员付诸实践的共同价值观体系。班组文化建设要紧密结合企业精神、企业宗旨、企业使命开展工作，并加以概括和提炼。班组也像人一样，必须通过班组文化建设，赋予其特定的性格、层次、思想、精神内涵等。一个没有文化的班组就像一个没有个性、活力的人，是绝无竞争力的。

优秀的班组文化有利于实现班组的共同目标。一个班组就是一个企业的缩影，只有成员之间树立共同的愿景、共同的文化心理，才能建立起员工间相互认同、相互聚合的基础，从而保持大家精诚合作，取长补短，最终实现班组的共同目标。

（四）解决举措及方法

如何建设优秀的班组文化是班组建设的重中之重。进行文化建设，首先要制定班组文化建设目标。真正的班组文化绝不是条条框框的白纸黑字，也不是高高在上、让人望尘莫及的豪言壮语。班组文化是班组成员在长期生产实践中，在不同工作岗位上形成的一种文化风格，这种文化风格彰显了班组的文化个性。比如有的班组能打硬仗，能啃硬骨头；有的班组经常开展互帮互助活动；有的班组善于学习，成为学习型班组；有的班组最能提合理化建议、小事件分析；有的班组成员经常谈心交心，团结和谐有凝聚力；有的班组安全工作很到位；有的班组服务工作有声有色等，这些鲜明的特点成为许多班组的独特风格，展示了班组文化的魅力。

其次，班组文化建设应从班组实际出发，比如有的班组可以突出"家文化"建设，把班组建成员工"第二家园"，营造家的温馨，让员工在班组工作时有家的感觉；有的班组可以突出"活力文化"建设，激发班组成员蓬勃向上的热情，使班组充满生机活力；有的班组可以重点抓好"金牌文化"建设，事事争一流，见红旗就扛，不管完成什么艰巨任务，不论参加什么竞赛，都争第一，拿冠军。

再次，班组文化建设是一项长期性工程。班组文化形成需要时间，文化建设不仅是对现有的文化、精神进行总结归纳，而是要提出一系列有效的措施对现有的优秀班组文化进行传承和保持，并对一些潜在的有利于班组发展的优秀文化进行发掘，使班组"老带新"不仅仅在技术、技能上。

一个优秀的班组团队一定要有一个综合素质全面的班组长，才能引领班组员工建设一个团结的集体。但是在实践过程中仍然有许多问题需要解决，如每个班组成员有自己的特点、怎样将班组工作更加合理地安排到每个人身上、怎样的班组文化才适合自己班组的性质等。

（五）结果评析

"强化作风建设构建班组和谐，外练业务基础内强员工素质"，是班组建设文化的主题和目的，切实用好班组"学习园地"，对于文化建设，有重要作用：一是体现了班组的精神面貌，树立了班组的自豪感；二是有了形式，就有了一个良好的学习和工作环境，自然产生了一种思想约束和不甘落后、自我进取精神；三是方便组员能及时了解自己和他人的责任及整个班组的学习和生产情况，相互观察、监督、对照，有着相互促进的作用，自然形成了你追我赶积极上进的学习和工作气氛；四是增强了班组长与组员之间的透明度，真正起到了相互学习的目的。

班组长、技术员是班组建设的领头羊，也是各项活动开展的发起人，是班组成员的老师，对班组成员要有感情投入，关心和爱护班组成员，把班组看作是自己的家，自己是家长，在顾全大局的情况下多为员工为集体谋利益。要采取多种方法发动和带动班组成员的工作积极主动性。班组成员往往是以班组长为榜样，班组长应在各方面做出表率。如班组长在以身作则和自身素质上做得不够格，会失去信任。

一支技艺精湛的带电队伍靠几位骨干的力量是远远不够的，只有提高全体班组成员的工作积极性、工作能力、技能水平和思想素质等，如何提高员工各方面的技能，从大体着想，从单位长远考虑，培养好新员工是组长应尽的义务和责任。

【案例5-5】通过"美丽站所我的家"建设推动国家电网有限公司企业文化在基层的落地。

（一）背景描述

某供电公司从2007年改制至今，基层站所职工对于国家电网有限公司的核心价值观及行为要求都有了普遍的认识，但是离入心入髓到知行合一转化为职工的自觉行为还有一定的距离。在目前阶段下，该供电公司通过"美丽站所我的家"这一创建活动载体，将供电公司建成"文化美、劳动美、心灵美、家园美"的职工家园，在潜移默化中贯彻国家电网有限公司的文化价值理念，让员工乐于在"家园"工作，甘心为"家园"奉献，形成"爱企如家、携手建家"的和谐氛围，激发员工的内生动力，提升队伍的凝聚力、创造力。

（二）存在问题

国家电网有限公司着力建设以五统一为基础的企业文化和"诚信、责任、创新、奉献"的核心价值观，作为直接服务于客户的基层站所，如何结合实际，抓好文化"落地"工程，真正实现企业文化在基层一线员工的贯彻和执行，使企业文化成为一线员工内化于心、外化于行的自觉行为，进而转化为良好工作姿态，追求优良业绩，意义重大。但企业文化"落地"难度大，首先是"结合难"，企业文化是理论和实践相结合的体系，需要各项具体工作推进，企业文化落地是"由浅入深、由表及里"的发展过程；其次是"内化难"，企业文化要落地，关键是职工要能自觉树立这些意识，并将这些品质"内化"成自觉的行动，但要消化和领悟企业文化精神和内涵，让其成为职工的自觉行动，还需要一定的过程；三是考核难，如企业文化落地考核评价标准是什么、如何组织考核、考核评价结果如何运用、如何提高职工的执行力等，这些都是影响企业文化落地的主要因素。

（三）解决举措及方法

"美丽站所我的家"建设，具体采取了如下举措：

1.努力建设温馨之家，实现站所"家园美"

突出"舒适、关爱"，建设温馨之家，实现站所"家园美"。对整个供电所范围内的各个区域进行了规划整治，明确划分出各功能区域，同时发动全所力量进行了内容充实和美化，形成了一个较好的硬件设施条件。在公司相关部门的大力支持下，该供电公司从职工的身心健康出发，努力创建健康食堂，食堂硬件设施得到全面完善，饭菜质量，服务品质得到全面提升。员工在供电公司初步感受到"家"的味道，得到了所里职工一致的好评。

在完善硬件设施同时，该供电公司围绕"保安全、促满意、夯基础"工作主线，将"敢赢争先，与卓越同行"的理念全面落实用电满意提升工程各项措施，认真开展党的群众路线教育实践活动，坚持"双满意、双提升"工作目标，践行"三严三实"，加强作风建设，牢记宗旨、心系群众，立足岗位、奉献社会，打造了一个电网先锋党支部。支部"党员突击队"主动作为，勇于争当，活跃在各项"急、难、危、重"的工作第一线，全体员工在党员带领下，紧跟企业改革发展步伐，推动供电所各项工作向更高的目标迈进。

2.努力建设和谐之家，实现站所"文化美"

企业基层班组就是组成"铁拳"的"细胞"，看似微不足道，但却必不可少。班组园地是员工学习交流互动区，突出宣传班组浓厚的学习氛围、整洁的工作环境和高效的团队精神。该供电公司坚持以"平台、高地、示范"为目标，树立"标准高、业务精、作风硬"的标准，着力打造"规范、安全、高效"班组和"自立、互助、温暖"职工家园。进一步完善配电组、营业组班组园地、配置文化体育设施，积极开展自主策划的班组文化活动，进一步满足职工文化需要，形成"班班有活动，月月有歌声"的氛围，利用三八妇女节、五一劳动节、端午节、九九重阳节等传统节日，举办文体活动，陶冶职工情操，增进干群感情。

在企业文化阵地建设中，该供电公司秉着"诚信、责任、创新、奉献"的核心价值观，充分发挥支部的凝聚力和战斗堡垒作用，全力致力于打造一支身、心、灵健康的员工队伍；丰富让声音微笑起来内涵，强化快速行动、用心服务、持续提升三个能力等建设，展示基层供电所的电网安全生产、经营管理、优质服务、队伍建设和品牌建设的重要阵地和形象窗口。不断挖掘企业文化创建亮点，突出供电企业文化品牌特色，巩固、深化、提升企业文化建设成果。供电公司以美"家"为平台，内外兼修，努力建设和谐之家，实现站所"文化美"。

3.努力建设"卓越之家"，实现站所"劳动美"

供电公司坚持开展寓教于乐、形式多样的岗位练兵活动，以各类技能提升活动为载体，努力建设"卓越之家"，实现"劳动美"。调动员工钻研业务知识和操作技能的主动性，在公司上下形成"比、学、赶、帮、超"的良好学习和工作氛围，增强员工的学习能力、竞争能力和创新能力。促进员工立足岗位、建功立业，引导员工扎根基层，锻炼成才。

供电公司努力营造"劳动美"氛围，围绕"牢记宗旨，心系群众；立足岗位，奉献社会"为主题，努力宣传党员服务队的抢修及服务风采，同时展示职工在参加各项技能比赛活动的"精彩瞬间"，突出渲染"爱拼敢赢"的氛围，激发了员工自身动力，开展"美丽站所我的家"美家建家活动文化扎根落地，形成对员工的强烈感染力和号召力。

4.努力建设团结之家，实现站所"心灵美"

坚持"人本"理念，尊重职工、理解职工、关心职工，让职工真切感受到"家"的温暖。以党团员活动室、职工书屋、职工活动室为活动场地，结合"运动与健康知识窗"创建了"丰富职工业余生活"为主题的展板；以职工业余生活、班后活动的精彩照片为内容，创建"职工生活，多彩多姿"为主题的关爱员工展板，建设主办公楼至食堂的遮阳长廊，购置电视机、VCD、录像机、照相机、乒乓球台、跑步机、台球桌等设备；订购图书、报纸、杂志，建立图书阅览室；建设车棚，方便职工停放车辆，关心员工生产生活，营造全所如大家庭般的温暖。

突出"协作、互动"，建设团结之家，以提升团队凝聚力和向心力为重点，开展党员"一带二"帮带先锋工程，积蓄队伍友爱、互动的"正能量"，结合"道德讲堂"活动，开展"家园·安全"大讨论、安全警示警言征集、合理化建议征集、亲情温馨短信推送、班组园地"亲情寄语"等活动，实现站所班组"心灵美"。

（四）结果评析

企业文化建设是一项长期的工作，企业文化的落地更是一个艰难的过程。只有企业的核心理念及其体系内容深入人心，全体职工自觉践行，成为习惯，职工的工作技能、工作作风、职业道德、言谈举止、精神状态才会全面提升，企业的学习力、创新力、竞争力、超越力、发展力才会明显增强。在企业文化落地实践建设过程中，供电公司突出做好"美丽站所我的家"的展示和抓好员工队伍的精气神，切实发挥了企业文化的引领作用，用"努力超越、追求卓越"的企业精神激发广大员工锐意进取、干事创业的热情，使"诚信、责任、创新、奉献"的核心价值观根植于每一位员工的内心，以文化统一思想、以文化凝聚力量、以文化引领发展，全力推动供电公司各项中心工作再上新台阶。真心付出，荣获回报。通过"美丽站所我的家"美家建家活动，该供电所在内部管理方面得到同步提升，软硬件建设与管理水平扎实推进，管理示范供电所建设项目按要求执行到位，在同业对标中指标优异，年度专项工作完成情况均较好，2015年荣获省电力公司先进班组称号。

【模块小节】

通过本节学习能够利用现有宣传平台拓展宣传手段，创新班组宣传内容、方式、方法，从而展示班组的实力和形象，营造积极向上的氛围，推动班组的建设发展。

【思考与练习】

1. 班组内有哪些工作内容和员工事迹值得进行宣传推广？

2. 班组宣传工作如何与单位工作进行有机结合？

第六章
开展人员管理

第一节 掌握员工思想动态

【小节说明】本节从构建和谐班组，就要以人为本，掌握班组成员的思想动态，就要从班组成员最关心、最直接、最现实的利益入手，帮助班组成员解决实际问题，不断增强班组成员创造的内在动力，最大限度地调动和发挥广大班组成员的工作激情和创造潜能，推动班组的健康和谐发展。

【学习目标】通过学习，能够正确引导员工思想，帮助班组成员自主引导班组成员自为，尊重班组成员选择，鼓励班组成员创新，在各项工作中发挥班组成员的主人翁作用，增强班组凝聚力。

掌握员工思想动态具体包括以下五个步骤：

第一，了解班组成员基本情况及家庭概况。班组长的基本功是充分了解和认知每位班组成员也包括自己的性格特质、需求、基本情况以及家庭情况。越了解班组成员，越能用好每位成员。

第二，掌握并帮助解决班组成员生活、工作方面的困难。班组长是班组成员的良师益友，把对班组成员的关爱从工作现场向八小时外延伸，及时了解班组成员。要想让班组成员安心工作，就先要打消他们生活上的顾虑。

第三，及时发现并处理班组成员负面情绪。人是有感情和情绪的，不良的情绪会影响工作和生活，关注每位成员的日常表现、情绪变化，要及时了解和沟通，能排解的情绪要及时排解，保证班组成员在安心、高效、安全的状态下开展工作。

第四，了解和掌握班组成员不同阶段的不同层次需求。人类的需求遵循一定的客观规律，美国心理学家亚伯拉罕·马斯洛提出需求层次理论，将人类需求像阶梯一样从低到高按层次分为五种，分别是生理需求、安全需求、社交需求、尊重需求和自我实现需求。

第五，开展班组成员激励工作。班组长没有财权，没有给班组成员评定工资的权力，物质激励在基层班组是个大难题。所以精神激励在班组人员管理中的地位就更加重要。

一、了解班组成员基本情况

每个班组成员都有自己独特的品质，性格不同，需求不同。同样，每个班组成员的特长也不尽相同，对于不同的人要有不同分工。

（一）了解班组成员性格

有的人性格刚强，说话直率，容易得罪人；有的人则善于沟通，变通性强；有的人勇于冒险，但缺乏耐心；有的人循规蹈矩，精益求精……正是因为不同的人有不同的性格特征，才导致人和人之间的差距。然而，认识和了解不同人的性格特征则是班组长做好班组管理的关键。生活中，一般将人的性格分为五种。

（1）温和型性格。这种性格的为人温和，容易顺从，可以用考拉来代表此类性格，其行为风格如下。

个性特点：很稳定，够敦厚，温和规律，不好冲突。行事稳健，强调平实，有过人的耐力，温和善良。在别人眼中常让人误以为是懒散不积极，但只要决心投入，绝对是"路遥知马力"的最佳典型。

优点：对其他人的感情很敏感，在集体环境中左右逢源。

缺点：很难坚持自己的观点和迅速作出决定。一般来说，不喜欢面对与同事意见不合的局面，不愿处理争执。

工作风格的主要行为：表情和蔼可亲，说话慢条斯理，声音温柔，多会用赞同、鼓励性的语言，办公室里会摆家人的照片。具有高度耐心，敦厚随和，行事冷静自持，生活讲求规律但也随缘从容，面对困境，都能泰然自若。

管理措施及建议：给予关注和温柔，对他们要有耐心，轻易不要严厉批评，想方设法挖掘他们内在的潜力。

（2）开创型性格。这种性格的人敢于冒险，勇于开拓，可以用老虎来代表此类性格，其行为风格如下。

个性特点：有自信，够权威，决断力高，竞争性强，胸怀大志，喜欢评估。企图心强烈，喜欢冒险，个性积极，竞争力强，有对抗性。

优点：善于控制局面，并能果断地作出决定。

缺点：当感到压力时，会迅速完成工作，容易忽略细节，不顾自己和别人的情感。由于他们要求过高，加之好胜的天性，有时会成为工作狂。

工作风格的主要行为：交谈时进行直接的目光接触，有目的性且能迅速行动，说话快速且具有说服力，运用直截了当的实际性语言，办公室摆放日历、计划要点。适合开创性与改革性的工作，在开拓市场的时代或需要执行改革的环境中，最容易有出色的表现。容易独断专行，不易妥协，容易与人发生争执摩擦。

管理措施及建议：给予更多的责任，他会觉得自己有价值，布置工作时注意结果导向。

（3）表演型性格。这种性格的人善于表现，好为人师，可以用孔雀来代表此类性格，其行为风格如下。

个性特点：热心，乐观，热情洋溢，好交朋友，口才流畅，重视形象，善于人际关系的建立，富有同情心，最适合人际导向工作。

优点：性格活泼，能够使人兴奋，工作高效，善于建立同盟或者搞好关系来实现目标。适合需要当众表现、引人注目、态度公开的工作。

缺点：有着跳跃性的思考模式，过于乐观，无法估计细节，在执行力度上需要高专业的技术精英来配合。

工作风格的主要行为：具有高度的表达能力，社交能力极强，有流畅无碍的口才和热情幽默的风度。天生具有鼓吹理想的特质，在推动新思维、执行某种新使命或推广某项宣传等任务的工作中，都会有极为出色的表现，在开发市场或创建产业的工作环境中，最能发挥其所长。

管理措施及建议：要以鼓励为主给他表现的机会，保持他的工作激情，但也要注意他的情绪化和防止细节失误。

（4）专家型性格。这种性格的人乐于钻研，比较挑剔，可以用猫头鹰来代表此类性格，其行为风格如下。

个性特点：传统而保守，注重细节，条理分明，责任感强，重视纪律，分析力强，精准度高，喜欢把细节条理化，个性拘谨含蓄，忠于职责，但会让人觉得"吹毛求疵"。

优点：天生有爱找出事情真相的习性，因为他们有耐心仔细考察所有的细节并想出合乎逻辑的解决办法

缺点：把事实和精确度置于感情之前，会被人误认为是感情冷漠。在压力下，有时为了避免做出结论，他们会分析过度。处事客观合理，只是有时会钻牛角尖。

工作风格的主要行为：很少有面部表情，动作缓慢，使用精确的语言，注意特殊细节，重规则，轻情感，事事以规则为准绳和主导思想。性格内敛、善于以数字或规条为表达工具，不太擅长用语言来沟通情感或向同事和部属等做指示。他行事讲究条理分明，守纪律重承诺，是个完美主义者，事事查以求证无误，甚至为了办事精确，不惜挑剔别人的错误，以显示自己一切照章办事的态度，不易维持团队内的团结精神和凝聚力。

管理措施及建议：帮助其创造和谐的工作氛围，给予稳定安全的工作环境。

（5）混合型性格。这种性格的人处事圆滑，为人周全，兼顾上述四种性格，可以用变色龙来代表此类性格，其行为风格如下。

个性特点：中庸而不极端，凡事不执着，韧性极强，善于沟通，是天生的谈判家，他们能充分融入各种新环境新文化，且适应性好，没有原则就是他们最好的原则，懂得凡事看情况看场合。

优点：善于在工作中调整自己的角色去适应环境，具有很好的沟通能力。

缺点：从别人眼中看变色龙，会觉得他们较无个性及原则。

工作风格的主要行为：综合型人格，看似没有突出个性，但擅长整合，没有强烈的个人意识形态，是他们处事的价值观。不会与人为敌，处事圆滑，弹性极强，处事留有余地，行事绝对不会走偏锋极端，是一个办事让人放心的人物。

管理措施及建议：给予工作需要任务确实、目标清楚，他们都能恰如其分地完成。

（二）了解班组成员基本信息

建立班组成员档案，了解班组成员的出身、学历、工作经历、家庭背景以及成长经历、兴趣、专长等对班组长而言相当重要。了解这些基本信息的目的在于分析

确定员工的思想动态、职业发展取向、动力源泉、价值观、理想、信念等，只有了解了这些基本情况，才能有针对性地制订班组成员的个人工作安排计划、发展辅助计划。

（三）了解班员工家庭成员情况

了解班组成员的基本家庭情况，如父母、配偶、子女以及兄弟姐妹的概要情况，特别要留意亲属身体有疾病，或家庭矛盾突出，或孩子小且父母不在身边的员工。

注意事项： 尺有所短，寸有所长，人的性格没有优劣之分，关键是如何发现班组成员的性格特长，尽量让员工的性格特长和工作性质相匹配，才能让工作更高效。

二、帮助解决班员困难

班组长要关注、关心、关爱班组成员，及时了解班组成员在工作、生活上的困难，形成一种互相帮助、共同进步的班组氛围。

（一）力所能及的条件下，消除员工生活上的后顾之忧

当班组成员遇到生活困难时，一定会牵扯其很大的精力，此时，班组长要适时给予关心，必要时提供一些解决问题的参考意见和方法，争取其他班组成员的理解，共同协助困难班组成员渡过难关。

（二）遇到特别的困难，及时向上级反映，争取得到集体的帮助

实时关心班组成员对这些事情的处理情况，遇到特别困难的，班组内部无法提供特殊帮助的问题，应当及时向上级领导和工会反映，争取更多的帮助和支持。这样才能使班组成员倍感温馨，体验到更多的归属感。

注意事项： 当班组成员遇到要解决的问题和困难时，切忌置之不理。

三、处理班员负面情绪

负面情绪是安全生产的一大天敌，及时了解班组成员情绪的波动，把安全隐患消灭在萌芽状态，最为重要。

（一）了解班组成员出勤状况

通过班前会了解班组成员出勤情况，初步通过观察了解班组成员的情绪变化，多问一声"最近有没有什么困难？"能让班组成员感受到关心，情感上能够快速靠拢。

（二）保持良好心态

班组成员对班长既有一定的依赖，又在心理上有一定的距离，班组长只有保持良好的心态，平静自然地谈话，才能消除班组成员对班组长的距离感，使班组成员放下警惕和戒备心理，与其进行有效的沟通。

（三）理解班组成员，鼓励他们谈自己

要想让班组成员快速地从生活状态转入工作状态，将交通拥堵、生活烦恼暂时搁置，首先要倾听班组成员的倾诉，让他们说说自己的困难、劳累、生活、想法、工作设想等，并为他们出谋划策，尽快调整好心情，进入工作状态。

注意事项：不要让班组成员觉得你高高在上，抵触情绪只能带来无效的沟通。

四、掌握班员个人需求

人的需求遵循一定的客观规律，只有低层的需求得到满足后，人才会提出高一层级的需求，就像爬楼梯要遵循从低到高的规律。工作中新入职员工与老员工的需求就不尽相同，班组长要做到的是根据班组成员的不同阶段，准确判断出成员真正的需求，对症下药。具体需求包括生理需求、安全需求、社交（情感）需求、尊重需求、自我实现。

注意事项：准确判断班组成员的急迫需求，才能采取相应的管理措施，产生良性循环，发挥最大效用。

五、开展班员激励工作

"士为知己者死，女为悦己者容。"这里的"知"可以理解为了解、理解，"悦"可以理解为欣赏、仰慕，充分说明了做到"知"和"悦"能起到多大的激励作用。班组长如果能做到对班组成员的"知"和"悦"，那就可以充分分析其当前紧迫的

需求，制定针对性的激励措施，达到事半功倍的目的。

六、管理案例

【案例6-1】权责的边界到底在哪里？

（一）背景描述

李某是某省电力公司现场维修班组的一名资深检修员，元旦期间被指派前往某市某镇的供电所进行日常检修，指派工作的班组长大致给李某介绍了该供电所的一些信息，如该所的所领导是许某，在员工眼里，他是一个忠实履行自己应尽职责的领导，以及该所周边的环境相对比较复杂，供电所在一个老旧小区附近，附近有不少居民自己栽种的树等。李某接到通知后并没有过多抱怨，在经过稍事休整之后便前往该供电所进行检修工作。

（二）存在问题

经过检修，李某发现该供电所的周边存在树障问题，加之该地区那段时间晚上降雨频繁，这个问题存在重大的线损隐患，根据多年的工作经验，这个隐患一旦发生，就有可能导致大面积断电、设备损毁，以及后续的客户投诉和巨额的维护费用等问题。于是立刻将这个问题上报给该供电所领导许某并建议砍伐掉周边造成隐患的树木。

许某在接到李某的报告后，发现这个问题牵涉面太广而难以做主：一是砍伐存有隐患的树木涉及与当地居民的协商，不仅耗时漫长，而且谈判过程中对方有可能漫天要价导致谈判失败；二是要跟当地区级官员进行协商安排；三是许多事情超出了自己的财务权利范围，无法下定论。许某拿不定主意，只能上报给运检部相关负责的领导，并指示李某完成日常检修后下班。

但在随后的几天，该市降雨量不仅没有减少，反而剧增到十年一遇的水平，许某开始担心李某之前报告的树障问题会不会导致隐患发生，于是给运检部的办事员打电话询问报告进度，办事员询问事情进展后告知许某这个事情他们部门也没有权力决定，只能进一步向上请示，并告知问题已经反映给安监部的负责人了，需要许某耐心等几天。

（三）问题分析

然而该市的天气接连三天进一步恶化，除了倾盆大雨以外，还时不时有雷电伴随。许某联系运检部的办事员后，接连三天都没有得到安监部相关负责人的回复和指示，因为情形很有可能进一步恶化，于是许某决定直接去和对应辖区的区领导先行沟通协商，正当他准备出门时，检修员张某打来电话告知许某之前李某检修的片区出现大规模停电，初步预判是由于道路一侧的树木被闪电劈开了致使线路损毁。

许某接听完电话后呆坐了一会，拨通了运检部的电话……

在这个过程中，许某的做法妥当吗？如果不妥当，不妥在何处；如果妥当，又是为什么？如果你是供电所管理人员，你会怎么做？

发生隐患事故的根本原因在哪里？对于这样的根本原因你有什么改进意见？

你认为你的改进意见推进难点在哪里？如何解决这些难点？

（四）解决举措及方法

通过上述案例可以发现：在整个过程中，李某和许某都比较积极地执行了自己的职责，但仍导致事故发生，到底是哪里出了问题呢？比较明显的感受是审批流程过于冗杂耽误了时间，但真的是这样吗？基于这些问题，本文将从多个维度来深度解析该事件并试图提出可行的解决措施。

1.执行了、反馈了，就够了吗？

本案例中，不论是李某还是许某都良好地执行了上级的要求：李某按照日常安排，良好地完成了工作，并将自己的担心上报给了许某，同时按照许某的吩咐正常下班；而许某忠实地执行了上级的安排（等候），也积极地向上级反馈了相关的问题。但是真的够了吗？

作为基层员工，李某正确地理解和执行上级的工作安排，并积极地反馈其间发生的问题，这符合岗位要求；但是许某作为所长，是一名中基层管理者，不仅需要具备作为中高层管理者的下属应有的执行力，还应具备作为管理者应有的能力，承担起管理者应尽的角色职责。

许某是一名中基层管理者，可以运用领导理论进行分析，该案例中并不涉及下属员工的特性，所以分析针对许某本人展开，适用于领导个人的相关理论。领导特质理论，即一名出色的领导应该具备的个人品质是智力、自信心、决断力、正直以及合群。在本案例中，许某作为一名领导者，决断力不足，在整个过程中没有体现一名管理者应该发挥的特性。而领导又是管理的四个维度之一，所以从这个角度，许某从始至终表现出来的是一名合格的执行者而非一名合格的管理者。

2. 非日常的事，日常办？

案例中提到过"十年一遇的降雨量水平"，也就是说发生了非常规事件，但许某的解决办法仍是从应对处理到上级指示，是按照常规方法开展。一般来说，突发性事件的应对时间并不充裕，所以一般原则就是突发事件不采用常规的、日常化的管理手段和解决方法，但是本案例中不论是许某的上级还是许某本人，在突发事件中仍采取一般化处理手段，违背了一般的任务重要程度管理方法。

重大隐患事件属于重要事件，在出现突发情况前属于重要不紧急的事件，应该给予重点关注，然而本案例中许某虽然按照正常流程给予关注并上报事件，但是没有针对重点关注做预案准备；随着降雨量骤增，该事件属于重要且紧急事件，应该立即采取行动，采取紧急手段，而非走常规流程。

3. 我是领导，却不能做主？

在本案例中，所长许某没有直接决定财务款项的权力。通常条件下，在企业内的主管级别人员都或多或少具有一定额度的财务权利与一定范围内的资源调配权利。本案例中，这个问题仅存在两种可能性：①虽然许某有决定财务的权力，但是被授权的额度并不足以谈判；②许某并没有财务的决定权，完全没法开展工作。

在第一种可能性下，许某具有独立的一定范围的财权但是却不能应对谈判，其过失在于即使获取了事先信息可能因为自己的财权不足而失败，所以并没有进行事先谈判，而是等待上级的决策；第二种可能性下，根本原因在于权责不匹配从而导致许某缺乏自主谈判的基础。

对于前者，在理论中属于管理者角色问题，这个问题与第一个问题相同，即中基层管理人员在管理者与执行者的双重角色扮演上出现问题；而后者在理论上属于权责不一致的问题，属于企业管理基本原则权责一致性上的问题，由于是基本原则性的问题所以导致其并不存在相关的更进一步的理论，如果是这方面的问题，那将是企业犯下的低级错误。

4. 为什么申报流程这么长，这么慢？

从本案例的申报流程可以发现，请示过程已经延伸到了许国上两个层次的管理上级，即对于一个企业的中基层管理人员而言，在本案例中突发事件就涉及了四个管理层级。可以估计的是，本案例中涉及的企业管理层级的员工总数非常多。

运用组织结构理论可以确定本企业在组织构架上属于高长型企业，所谓高长型企业是指纵向管理层级较多的组织结构，一般高长型的组织结构带来的优点就是管理幅度变窄以后对于下属的控制能力加强，但是会带来垂直沟通更加复杂、决策速度降低等问题。

一般高长型企业发展的结果会使得企业的组织结构形成集权模式，最终以官僚式组织结构的方式稳定下来，该结构中的核心特点是标准化，即一切行事都以 SOP 为基准展开，从而加大运营效率，但是会使员工过分遵守规章制度，从而只是在面对熟悉的状况并事先确定规则的前提下才会有效。

这些组织特性会进一步影响企业内留任人员的性格与行事方式，甚至会形成以这些组织特性为标准的人员选拔机制，从而直接产生企业文化。

而在本案例中，不论是许某恪守一名员工的执行力的特点，还是决策速度迟缓，都符合上述理论的印证。即本质上导致本案例中决策速度过慢的原因以及许某仅仅履行一名员工执行力的特点的本质原因都是企业在组织构建设计上出现了问题。

【案例 6-2】老宋和他的娘子军们。

（一）背景描述

2018 年 8 月，某供电公司市场及大客户服室因业务、职能的变化对班组进行了调整，重新组建了方案组，主要负责城区范围内报装容量为 7000 千伏安及以上高压用户的供电方案编制工作，同时还肩负着对 14 个县（区）供电部的上门培训及各类营销专项检查工作，任务量繁多。

（二）存在问题

方案组由 4 人组成，班组长老宋是一个老牌班组长，干基层管理工作近 30 年，同时也是生产、营销双栖精英，无论是工作经验，还是管理经验都非常丰富；其他 3 位都是女同志，也都是从事营销工作多年的老营销。但面对人员少、年报装量超 500 余户，还有定期的上门培训以及繁多的现场检查工作的情况，想管理好整个班组，对老宋也是一个巨大的挑战。

（三）问题分析

俗话说"三个女人一台戏"，这戏怎么能唱好，光有好角儿还不行，关键得有个好编剧。老孟同志，从事高压供电方案编制工作多年，经验丰富，性格内敛，家里孩子面临小升初；小韩同志，一直从事电力营销业扩报装相关工作，省电力公司优秀兼职培训师，性格外向，未从事过高压供电方案编制工作，产假剩余两个月未休完；小原同志，从事高压供电方案编制工作，相对年轻，性格开朗，孩子由父母协助管理，家庭负担较小。

（四）改进举措及方法

知人善用才能事半功倍，老宋安排在小韩产假期间，班内所有业务均由老宋、老孟和小原三人共同承担。待小韩到岗后，高压供电方案编制工作由原来从事过此项工作的老孟和小原主要负责；定期培训工作由擅长培训授课的小韩负责；营销专项检查由经验丰富的老宋带着小原共同开展，老宋除了负责班内的其他事务还负责老带新，教授小韩高压供电方案编制的相关工作要点，使其快速胜任该项工作。

（五）结果评析

虽然班内事务繁杂，涉及业务多，但经老宋这么一安排，每个成员都尽其所长，大家都很轻松。

（1）要关怀备至，带人先带心。培训远，家有嗷嗷待哺娃，合理安排培训时间；家有小升初，不安排外勤。

（2）要安心乐业，孩子生病，帮忙介绍医生。

（3）要各取所需，给年轻人搭建平台，为年长人照顾家庭提供方便。

（4）要举贤任能，主动举荐年轻人为年轻人提供晋升机会。

方案组在短短的几年内取得优异的成绩，跟老宋的管理方法密不可分。掌握班组成员思想动态是提高人员管理水平的重中之重，能够最大限度地调动班员工积极性，为企业持续发展奠定基础。

【模块小节】

管理工作其实就是做人的工作，而每个人由于文化程度、家庭背景、兴趣爱好、价值观念的不同，也就有了"人上百，形形色色"的说法。其实管理班组成员，就要了解班组成员；要"管"人心，必要先"关"其心。

【心得体会】

每个班组成员都是有思想、有情感、有欲望的活生生的人，只有了解班组每个成员，掌握每个成员的真实思想动态，才能有的放矢地管理班组，最终达到稳定员工队伍，保证任务完成。

【思考练习】

1. 如何能够针对各种性格进行不同管理？

2. 我能为班组成员付出什么？

3. 如何跟班组成员开展有效沟通？

4. 如何准确地判断班组成员真正迫切的需求？

5. 针对不同的班组成员如何进行激励？

第二节　开展绩效管理

【小节说明】本节讲述的是班组成员管理的具体抓手——绩效管理。绩效包括"绩"和"效"两个方面，绩是成绩，效是效率。班组绩效管理即班组长与班员之间就责任目标与实现目标达成一致的过程，以及使班员乃至企业取得优秀绩效的过程，它既包括含绩效完成过程中的班员的行为表现，又包括了对班员绩效结果的考核。班组长协助班组成员制订班组计划、对计划进一步实施、对结果进行考核以及进一步反馈和改进，提升班组成员的执行力、班组的凝聚力、公司的核心竞争力。

【学习目标】通过学习正确地制定绩效管理办法，制订个人到班组的计划，杜绝"为考核而考核、面子考核、盲目考核"的绩效管理行为，通过绩效管理发现优秀班员，通过奖励刺激解决难题，通过绩效管理结果给予发展机会，用好这把双刃剑，平衡好班组的管理各种关系。

开展绩效管理包括以下四个步骤：

第一，绩效管理的计划制定原则及步骤；

第二，绩效管理的计划实施；

第三，绩效管理的结果考核；

第四，绩效管理的结果反馈与改进。

一、绩效管理的制定原则

（一）计划制定的原则

（1）具体：计划内容必须尽可能具体。

（2）可量化：计划内容定量为主，若是定性，分级方式需明确。

（3）可完成：计划可通过努力可以达到。

（4）时间为基础：计划的完成程度必须与时间挂钩（天周月季年）。

注意事项：关键指标和标准必须是上下级一致认同的，当自己对部门班组长拟订的指标和目标感到困惑时，应当及时表达出来，否则会导致最终计划难以完成；关键指标和标准不能太多，越少的指标和标准越有利于集中精力去完成，太多的指标和标准只能令人无所适从，最终导致无法实现。

（二）协助成员制订绩效计划中的职责

班组长可以采用5W1H方法来指导和协助班组成员制订绩效计划，具体指What（是什么）、Why（为什么）、Who（谁来完成）、When（何时完成）、Where（完成程度、情况或地点）和How（怎么做），班组长在帮助班组成员制订计划时可以按照以下几个问题，帮助班员深入理解计划：

第一，What。告诉班组成员清楚要完成什么目标或任务，并请班组成员复述要完成的计划，让班组成员清楚知道要完成的工作是什么，怎么样算完成目标。这可以帮助班组长和班组成员明确自己的工作内容，知道每天、每月的主要职责，哪些是主要，哪些是相对次要的职责。

第二，Why。告诉班组成员为什么要完成这个目标，班组成员按时完成计划对班组、对公司有什么重要意义。

第三，Who。由谁负责、谁协助、谁承担哪部分工作或责任都要尽量清楚，确保工作的执行更加顺畅。

第四，When。告诉班组成员，何时完成哪些工作，对重大目标或比较复杂的目标，既要明确什么时间整体目标完成，又要明确阶段性目标完成的时间和具体证明，以备验证和检查。

第五，Where。明确班组成员到什么地方完成什么样的指标，让班组长和班组成员都清楚自己阶段性计划和工作的重点。

第六，How。强调对班组成员的辅导和培训工作，在布置任务或制订计划时，对班组成员进行适当的指导并提供建议，告诉他怎么做、哪些地方是关键点、需注意哪些事项等，是管理者的重要职责，也是布置任务时的必经流程。同时，请班组成员讲述怎么做，也可以使其明确工作的方法和步骤，便于及早发现问题，及时纠正错误。

协助班组成员的绩效计划时，需要注意：

（1）目标制定。班组成员在本次绩效周期内的工作目标（量化和非量化的）是什么，各项工作目标的权重如何？

（2）计划内容。班组成员在达到目标（量化和非量化的）的过程中可能遇到哪些困难和障碍，何时完成这些职责，完成工作时可以拥有哪些权力和资源，完成目标的结果是怎样的？

（3）评定方式。如何判别班组成员是否取得了成功，结果可以从哪些方面去衡量，评判的标准是什么，工作目标和结果的重要性如何？

（三）班组绩效计划制订步骤和内容

（1）收集本班组信息。班组长收集本班组信息包括班组各方面具体情况，优势、劣势、班组成员情况、工作任务特点、工作环境等。

（2）了解本部门有关信息。如了解本部门 KPI 中与本班组密切相关的部分。

（3）分解本部门 KPI 到本班组。与部门班组长研究部门 KPI 如何分解落实到本班组，初步拟定班组绩效计划。

（4）与班员确认绩效计划。就初步班组绩效计划与本班组成员进行讨论，班组长听取班员的意见，对具体的绩效计划予以确认。

（5）拟定书面版班组计划。班组成员达成共识后形成书面班组绩效目标。

（6）与主任确认班组计划。主任进行审核。

班组绩效计划的内容涉及日常工作计划和一定时期内的重要工作计划，计划中要包括序号、工作内容、目标、完成时间、执行人（负责人、考评对象）、考评人等项目。

二、绩效管理的计划实施

（一）成员日常工作管理

岗位常规工作：班组管理的常规工作包含资料、岗位任务、仓库等内容，特点是重复程度高、持续时间长、业务能力要求高，其工作内容由其所在的岗位所决定，完成度情况将直接影响班组甚至部门的考核指标。班长作为常规工作完成情况的监督、辅助时，要及时发现不可预判的问题和意外情况，及时制定应对方案并解决问题，指导班员完成岗位任务，对于消极怠工的班组成员要明确考核，按照岗位适配度进行人员调整。

职能部门常规工作：相关职能部室的下派工作同属于常规工作，包含党建、工会、纪检、经法等工作内容，根据不同时期的要求，每个职能部室会下达相关的工作任务，班组是主要的承载群体。这些工作任务通常与政治和廉政相关，考核力度大，班组长在监督、检查班组成员完成此类工作任务时，要及时发现班组成员的思想变化并进行疏通与帮助，做到防患于未然。

注意事项： 常规工作属于班组的核心业务，盲目、刻意地加大考核力度会直接影响公司下达的任务完成。

（二）班组荣誉贡献度管理

班组是由班组成员组成的集体，班组的荣誉代表着全部班组成员的利益，是班组的对外交流的自豪，也代表着班组长管理的水准。班组在党建、工会、组织部等部门的创先争优，是全体班组成员共同努力的结果，是团队凝聚力的展现，是个人服从集体利益的表现。班组长对于积极参加集体活动的班组成员应加大奖励力度，少制定或不制定考核标准，减轻班组成员压力，鼓励参与。

注意事项： 促进班组成员参与班组团队活动是此项的管理重点，谨慎制定绩效管理办法有助于班组管理。

三、绩效管理的结果考核

（一）考核方法

（1）目标考评法。目标考评法是根据被考评人完成工作目标的情况来进行考核的一种绩效考评方式。在开始工作之前，考评人和被考评人应该对需要完成的工作内容、时间期限、考评的标准达成一致。在时间期限结束时，考评人根据被考评人的工作状况及原先制定的考评标准来进行考评。

（2）序列比较法。序列比较法是对相同职务班组成员进行考核的一种方法。在考评前，首先要确定考评的模块，但是不确定要达到的工作标准。将相同职务的所有班组成员在同一考评模块中进行比较，根据他们的工作状况排列顺序，工作较好的排名在前，工作较差的排名在后。最后，将每位班组成员几个模块的排序数字相加，就是该班组成员的考评结果。总数越小，绩效考评成绩越好。

（3）情景模拟法。情景模拟法是一种模拟工作考评方法，要求班组成员在评价小组人员面前完成类似于实际工作中可能遇到的活动，评价小组根据完成的情况对被考评人的工作能力进行考评，是针对工作潜力的一种考评方法。

（二）考核内容和指标

班组成员绩效考评的内容和指标对班组成员进行绩效考评的各项内容和指标主要包括业绩、能力、态度三方面。

四、绩效管理的反馈改进

（一）成员的绩效反馈与改进

班组成员的绩效反馈与改进主要通过以下两个步骤完成。

第一，班组成员的绩效反馈通常运用绩效面谈。绩效面谈是指二者共同针对绩效管理的考核结果所做的检视与讨论。通过绩效面谈，可以达到以下几点：

1）反馈给班组成员绩效管理的结果，使班组长了解班组成员在过去一个月中工作上的得失，作为下一个月改进的依据。

2）提供给班组成员良好沟通的机会，以了解班组成员的实际情形或困难，并确定公司可以给班组成员的协助。

3）协助班组成员制定未来发展的规划与目标，确定公司、班组长、班组成员对这些计划如何去进行及提供必要的建议与协助。

第二，班组成员的绩效改进一般通过制订和实施个人发展计划来实现。个人发展计划是指根据班员有待发展提高的方面所制定的一定时期内完成的有关工作绩效和工作能力改进与提高的系统计划。个人发展计划通常是班组长的帮助下，由班组成员自己来制定，最终通过讨论达成一致意见的实施计划。具体制定方法如下：

1）达成共识。班组长与班组成员达成关于绩效问题的共识，在发掘班组成员优点的同时让班组成员认识到存在的问题，并认识到对公司的影响，及对其个人的后果。

2）分析原因。班组长和班组成员共同对绩效方面存在的差距分析原因，找出班组成员在工作能力、方法或工作习惯方面有待改善的方面，找出可通过具体措施改善的问题并对症下药。

3）确定目标。班组长和班组成员确定要改善的目标，根据未来工作目标的要求，选取班组成员目前存在的在工作能力、方法或工作习惯中最迫切需要改善的方面作为个人发展项目；班组长要说出自己想要班组成员做出的改善，并且要得到班组成员的认同。

4）探讨方法。双方共同探讨可能的解决途径，制定改善问题的具体行动方案，确定个人发展项目的期望水平、目标实现期限以及改善的方式；要让班组成员认识到必须对自己的行为负责。

5）提供资源。列出改善个人发展项目所需的资源，并指出哪些资源需要班组长提供帮助获得。

6）进行鼓励。当班组成员的绩效有所改善时，及时进行认可和鼓励。

常见的个人发展计划实施途径：

1）每日辅导。促进班组长与班组成员的合作关系。可以运用强化手段，对于班组成员做得好的地方给予肯定，促使班组成员保持良好的工作质量；对于班组成员的错误，可以进行惩罚，更要帮助纠正。

2）改进辅导。在计划实施过程中，班组长应该定期查看工作的进展情况，并适时提供援助，在工作中辅导，促使班组成员完成计划。

注意事项：在进行绩效面谈前需要准备以下内容。

第一，选择适宜的时间。选择时间注意的问题：①选择双方都有空闲的时间，并且这个时间要征得班组成员的同意，这样一方面可以表示出对班组成员的尊重，确认班组成员在这段时间是否有其他的安排，另一方面，班组长也可以确保自己全身心投入绩效反馈面谈中去；②尽量不要选择接近下班的时间。

第二，准备适宜的场地。单独的一间办公室是最理想的地方，办公室的门要能关上，不宜让别人看到里面进行的面谈过程。

第三，准备面谈的资料。在面谈反馈之前，班组长必须准备好面谈所需的各种资料。这些资料包括对班组成员的绩效评估表、班组成员日常工作表现的记录等，同时，班组长必须熟悉有关资料，需要时可以随时找到相关内容。

第四，对待面谈的对象有所准备。班组长应依据考评表和考评结果所反映出的信息将班组成员分类，充分估计他们在面谈中可能表现的情绪和行为。

第五，计划好绩效反馈面谈的程序。①计划开场白。绩效反馈面谈的开场白有各种形式，采取方式取决于具体的谈话对象和环境。当班组成员比较紧张时，班组长可以一些轻松的话题，如运动、天气等开始谈话；当班组成员对绩效反馈面谈的目的比较理解，并且能心平气和接受绩效评估结果时，不妨开门见山地直接切入话题。②计划流程。也就是在过程中先谈什么、后谈什么。③计划结尾。计划在什么时候结束面谈以及如何结束。

一般在双方对绩效评估中的各项内容基本达成一致时，就可以结束面谈了。当双方就某些问题争执不下，班组长可以将其作为双方回去继续思考的问题，留作下一次面谈时需要沟通的内容，而不一定非要在当时得出结论。

第六，明确面谈目标。任何沟通都离不开目标的导向，只有围绕目标需求展开话题，获取支撑目标达成的信息，才能使沟通真正产生效果，也就是针对每次具体沟通所拟定的一个沟通期望。如通过沟通向班组成员传递什么信息、沟通后要达成怎样的沟通效果等。

第七，解读考核结果。班组长只有认真全面解读了绩效考核结果，真正获取结果反映的信息，才具有班组成员展开沟通的"共同语言"基础。解读绩效考评结果应完成四个问题：

一是沟通对象应该做什么；

二是沟通对象已经做了什么；

三是沟通对象为什么会得到这样的考评结果；

四是沟通对象应该朝什么方向改进。

通过对这四个问题的思考，实施沟通的人员有机会对沟通对象及其所在的岗位有初步的了解，沟通也会在共同语言的基础上有的放矢地进行。

（二）班组的绩效反馈与改进

班组绩效反馈与改进主要通过以下两个步骤完成。

第一，分析并反馈本班组绩效合同的完成情况。在与班组成员和主任充分的沟通基础上，对照部门业绩考核责任书，总结上一考核期工作完成情况，说明差距和原因；对下一考核期各项 KPI 做出承诺，提出实现目标的具体策略措施和资源要求。分析内容包括以下三方面：

（1）班组月度 KPI 完成情况。报告部门上一考核期月度 KPI 完成情况，与上年同期水平相比的进步情况，对 KPI 指标完成情况进行结构性分析，审视全年 KPI 的达成程度。

（2）主要成绩与不足。首先列出最主要的三项成绩，然后述职者把最主要的不足之处（至少三处）找准，并按照优先次序列示和说明。

（3）分析差距原因。针对主要差距和不足，结合月度 KPI 的完成情况，分析产生差距和不足的主要原因，内容简单明了，不要超过三条。

第二，拟订绩效改进方案。

（1）提出改进措施。结合下一考核期的工作计划，对上半年 KPI 提出改进目标，制定改进措施。

（2）KPI 承诺和建议。应根据实际情况和要求，对全年 KPI 指标进行合理修订和做出承诺，提出改进目标需关注的问题以及相关部门在运作方面的支持要求，确保全年目标的实现。

五、管理案例

【案例 6-3】绩效管理引导日常工作，网格化管理解决人员不足。

（一）背景描述

根据山区供电所特点，改进供电所现有"专业化管理"的作业组织模式，加强一线作业力量，按网格为单元，供电所自主开展绩效评价考核，用绩效管理引导供电所日常工作，体现日常工作量与工作业绩两个评价维度，提高供电所自主管理与"精益化管理"水平。

（二）存在问题

某山区供电所地域面积较大且山地交通不便，按"专业化管理"的作业组织模式，经常会出现人员不够的现象。通过作业组织网格化管理，明确工作职责，优化工作流程，建立科学的绩效评价办法，解决供电所生产运维人员不足和结构性缺员等突出问题，促进营配专业融合，提高工作效率和质量。

（三）解决举措及方法

（1）作业组织模式变化。根据山区供电所特点，改进供电所现有"专业化管理"的作业组织模式，实现网格负责制，加强一线作业力量，促进供电所业务末端营配业务融合，提高工作效率和服务质量。

（2）绩效评价考核变化。按网格为单元，供电所自主开展绩效评价考核，用绩效管理引导供电所日常工作，体现日常工作量与工作业绩两个评价维度，提高供电所自主管理与"精益化管理"水平。

（3）开展班组自主管理，增强主人翁意识。供电所成立绩效管理小组，各网格参与，负责评价各个网格的月度绩效评定。激发各网格员工的工作主动性与工作热情，改变单纯"派单式"作业意识，主动思考并努力提升所在网格的业绩指标与运维管理水平；绩效采用工分库管理，每月每人基础为 300 分，采用扣分的方式进行打分（如发生一起跳闸事件，扣网格员工人均 6 分），每个月对各网格进行评比排名，第一名网格加 100 分，第二名网格加 50 分，第三名网格扣 50 分，第四名网格扣 100 分。

（四）结果评析

通过网格化管理和绩效管理的引导使得供电所管理重心下沉，加强一线力量，促进营配末端业务融合，提高工作效率。各网格相互评比，个人的工作成绩不仅影响个人还影响网格的整体成绩，不仅增强了团队意识，还提高了积极性。网格员工业务水平不断提高，培养更多的复合型人才。

【案例 6-4】如何运用绩效管理"老员工"。

（一）背景描述

老员工的技能等级提升困难。根据国家电网有限公司的要求，市供电公司人资部下达了人才当量提升目标，但是对于大多数工作经验丰富的老员工来说并不是好消息，原因是年龄大记忆力普遍下降，理论考试变成了一道难以逾越的坎。这样的情况普遍存在于公司各部门，班组长作为基层人员的管理者，有帮扶的责任与义务，同时还要利用绩效管理的规则督促老员工加大学习力度。同样的岗位，老员工存在绩效工资少于年轻员工的现象，原因是技能等级与岗位直接挂钩，没有达到最低的岗位技能等级要求就会被降岗，班组长可以从这一点作为切入点对老员工进行心理疏导，将新形势下国家电网有限公司的人才要求灌输给老员工。在老员工复习理论考试期间，班组长在绩效上给予一定倾斜，同时奖励帮扶老员工提升理论成绩的班组成员，发挥团队凝聚力，将绩效考核手段变为激励办法，充分发挥绩效应有的作用。

（二）优势提炼

用好绩效考核这把双刃剑，让其发挥应有的作用，对积极向上人员进行帮扶，对消极怠工人员进行惩罚。

（三）主要做法

绩效管理包含考核与奖励两大内容，班组长应注重奖励板块，以鼓励、督促、帮扶班员完成公司下达的各项任务，尽可能不产生矛盾，以调动班组成员的主观能动性为主。

（四）结果评析

绩效管理是促进班组成员管理的其中一个手段，如何管理好班组主要考验的是班组长的智慧与能力，为了考核而考核的管理模式会加大管理的难度，甚至带来较大的安全隐患。一个班组成功的绩效管理是扩大奖励的作用与效果，让班组成员主动参与班组团队建设、发挥应有的执行力，促进班组圆满完成公司的各项任务。

【模块小节】

绩效管理是手段，人才是根本，绩效管理需要刚柔并济，让班组成员有遵守的意愿也有认可执行的标准。

【思考练习】

1. 如何平衡班组成员照顾家庭和工作加班的绩效管理？

2. 多次迟到的班组成员如何管理？

3. 如何减少班组成员对绩效考核的抵触情绪？

第三节　开展人员培训

【小节说明】随着科技的进步，及高新技术设备的广泛应用，企业要在竞争中重获优势，谋求安全发展，就必须建设一支掌握高新技术、能适应多方位需求的、高素质的职工队伍，从而为企业可持续发展提供强有力的人才支持。建设一支素质过硬、精干高效、善打硬仗的职工队伍，在企业改革发展的进程中更好地服务生产，是每个企业必须考虑的问题。员工培训是企业常采取的方法，而班组培训是企业培训工作的基础，班组成员的基本素质取决于班组培训。

【学习目标】了解班组长在班组培训中的地位与作用，熟悉班组培训的目的；掌握班组层面组织的业务培训方式，开展讨论会培训形式培训模式和岗位练兵；掌握提升培训能力的方法。

开展人员培训具体包括以下三个步骤：

第一，了解班组培训的目的，从而提高员工在知识、技能、态度方面等一系列工作相关能力。

第二，熟悉班组培训的主要内容，帮助新老员工接受专业性培训。

第三，掌握班组培训的主要方法和具体操作步骤，针对不同类型的员工因材施教。

一、班组培训目的

了解班组培训目的前，应先了解现在大部分部门培训的现状：新员工来了，班组长把专业资料交给他，让他自己背诵；然后把他交给一位老师傅，让他在旁边看老师傅如何办理业务，如何操作设备，中间没有任何交流或是东一榔头西一棒槌的讲解。新员工普遍反映：上岗这几天的培训时间是最令人痛苦的，因为不知道要学什么，也没有人讲其中的道理，更没有任何趣味。

而一位优秀的班组长就是一个好教练，培养称职的员工是班组长的重要职责之一。新员工业务技能不熟练、业务不专业是导致工作没有成效的重要原因。业务技能不单单是指专业理论知识、技能的熟练程度，也包括服务、沟通、投诉处理、销售的技巧等。如果一个班组中员工的文化技术低差，操作不熟练、缺乏学习生存理念、管理杂乱无章。那么，不仅班组的生产不可能搞好，企业的各项经济指标也无法完成，因此班组教育培训是企业职工培训、人力资源开发的重要组成部分。

班组教育培训的主要目的：第一，提高班组成员工作绩效水平和工作能力；第二，增强班组以及个人对市场变化、企业改革与发展、科学技术突飞猛进的应变适应能力；第三，提高和增强班组成员对企业和班组的认同和归属感。

二、班组培训内容

（一）基础业务知识类

完成业务所需要具备的基础知识，如电工电子知识，客户服务规范，检修、安装、运行、调试维护等操作方法等。

（二）业务提升学习类

在基础业务知识基础上，为更好完成业务，所需要掌握的业务技能以及知识拓展，如工艺技术、质量标准、规程规范、网络技术前沿知识等。

（三）个人素质提升类

个人综合素质类技能培训，如沟通能力，表达能力，写作能力等。

三、班组培训对象

（一）多能工培养

多能工指具有两种以上不同制程的操作能力的员工。培养多能工是应对短期人员流动的重要措施，同时也是培养技术骨干及管理人才的重要方式，所以班组长应做好多能工的培养，见表6-1。

表6-1 多能工的培养

方法	方法说明
定期调动	以年或月为周期的变动，单位内进行
班内定期轮换	根据情况进行班内调动
工作交替	进行有计划的作业交替
流动班组长	定期选举一名班组成员作为辅助班组长，协助班组长开展工作，了解班组长的实际工作
脱岗培训	将班组成员安排到培训中心学习

班组长在进行具体操作时，要按照调查班组成员现状、制订培训计划、设立考核标准、实施训练、进行考核、强化不足、总结经验的流程进行。同时，还要注意以下方面：

第一，在人选安排上，要优先选择工作态度好、技术基础好、学习能力强的员工。

第二，重点加强关键岗位、关键技能的多能工培养。

第三，培养多能工，应准备好标准作业的作业指导书，使培训标准化。

第四，培养多能工，要像培养新员工一样认真对待，善于利用操作演练、"传、帮、带"、技能比赛等活动，达到培养目的。

（二）技术尖子培养

在班组中培养技术尖子，既可满足班组的生产需要，又可提升企业整体队伍素质。班组长应做好技术尖子的培养工作，为企业做好高技艺、高技能人才储备工作。

四、班组培训方法

（一）业务培训

（1）外部层面：利用外部资源对员工进行培训。如检修班组可以从厂家请技术人员对员工进行培训。

（2）公司层面：向人力资源部申请业务培训课程。

（3）班组层面：班组自己组织业务培训。针对班组自身的业务，根据"缺什么、补什么、干什么、学什么"的原则进行。

（二）讨论培训

1.案例分析讨论会

针对业务开展过程中员工遇见的典型问题，开展案例分析讨论会。会议中，首先，让员工对案例中遇到的问题进行分析；然后，让其他员工针对该问题充分发表自己的意见，组织团队的力量来尝试解决问题；最后，班组长针对该案例进行点评，提出自己的看法和意见，并对问题进行总结。

讨论会过程中要求有会议记录员，对会议讨论内容进行记录整理，并在会议结束后发给各员工。

2.技术经验交流会

每个月作为一个内部学习的周期，可以制定月度学习主题，一个学习月内至少开展两次内部学习，可采用丰富的学习互动环节，包括理论知识讲授、实际操作练习、问题讨论等；为巩固学习知识，每次学习主题月结束后开展一次班组内部的技术应用大比拼，并给予优胜者奖励。

3.学习互动会

可以围绕公司发展主题或班组感兴趣的学习课题，提前查阅相关资料，在班组成员之间、班组之间进行互动学习，交流学习心得，共同商讨解决办法。

（三）岗位练兵

岗位练兵是指以提高员工本岗位生产技术技能为主要目的和基本内容的有计划的训练活动。岗位练兵重点在于"练"字，岗位练兵是结合岗位工作开展的练兵活动，但只有岗位工作和生产活动不能称为岗位练兵，必须要在岗位工作中贯穿员工岗位技术技能训练计划的有关内容，并伴随有指导、训练、检查和考核等活动环节。

班组之间的经验交流在员工技能提升中有很重要的作用。班组长可以定期组织班组成员与其他班组进行经验交流。

（四）因材施教

1. 观察法

观察法是指在工作现场观察员工的工作表现以发现问题，获取信息数据。运用观察法的第一步是明确需要的信息，然后确定观察对象。观察法最大的缺陷是，当被观察者意识到自己正在被观察时，他们的一举一动就可能与平时不同，导致观察结果产生偏差，因此观察时应该尽量隐蔽并进行多次观察以提高观察结果的准确性，当然，这样需要考虑时间和空间条件是否允许。

在运用观察法时应注意：

（1）观察者必须对要观察的员工所进行的工作有深入的了解，明确其行为标准；否则，无法进行有效观察。

（2）进行现场观察时不能干扰被观察者的正常工作，应注意隐蔽。

（3）观察法的适用范围有限，一般适用于易被直接观察和了解的工作，不适用于技术要求较高的复杂性工作。

（4）必要时，可请陌生人进行观察，观察员工的行为表现是否符合标准或处于何种状态。

2. 访谈法

访谈法就是通过与被访谈人进行面对面的交谈获取培训需求信息。应用过程中，可以与企业管理层面谈，以了解组织对人员的期望；也可以与有关部门的负责人面谈，以便从专业和工作角度分析培训需求。一般来讲，在访谈前，要先确定到底需要何种信息，然后准备访谈提纲。访谈中提出的问题可以是封闭性的，也可以是开放性的。封闭式的访谈结果比较容易分析，开放式的访谈往往能发现意外的、更能说明问题的事实。访谈可以是结构式的，即以标准的模式向所有被访者提出同样的问题；也可以是非结构式的，即针对不同对象提出不同的开放式问题。一般情况下把两种方式结合起来使用，并以结构式访谈为主，非结构式访谈为辅。

采用访谈法了解培训需求，应注意：

（1）确定访谈的目标。明确"什么信息是最有价值的、必须了解到的"。

（2）准备完备的访谈提纲。这对于启发、引导被访谈人讨论相关问题、防止访谈中心转移十分重要。

（3）建立融洽的、相互信任的访谈气氛。在访谈中，访谈人员需要先取得被访谈人的信任，以避免产生敌意或抵制情绪。这对于保证收集到的信息具有正确性与准确性非常重要。

另外，访谈法还可与问卷调查法结合使用，通过访谈补充或核实调查问卷的内容，讨论填写不清楚的地方，探索比较深层次的问题和原因。

3.问卷调查法

问卷调查法是以标准化的问卷形式列出一组问题，要求调查对象就问题进行打分或做是非选择。当需要进行培训需求分析的人较多，并且时间较为紧急时，可以精心准备一份问卷，以电子邮件、传真或直接发放的方式让调查对象填写，也可以在进行面谈或电话访谈时由调查人自己填写。在进行问卷调查时，问卷的编写尤为重要。

编写一份好的问卷通常需要遵循以下步骤：

（1）列出希望了解的事项清单；

（2）一份问卷可以由封闭式问题和开放式问题组成，两者应视情况各占一定比例；

（3）对问卷进行编辑，并形成文件；

（4）请他人检查问卷，并加以评价；

（5）在小范围内对问卷进行模拟测试，并对结果进行评估；

（6）对问卷进行必要的修改；

（7）实施调查。

五、管理案例

【案例6-5】如何帮助员工提高 ERP 系统使用效率。

（一）背景描述

由于 ERP 系统使用复杂，命令多，流程烦琐，很多初学者都觉得很难上手，学习多次也无法熟练掌握，而且省电力公司制作的操作手册并不直观，大部分为文字说明，对于初学者来说比较有难度。

（二）存在问题

配电工程管理在工程物资需求、项目管控、项目付款、报招标需求等多个环节均需要使用 ERP 系统，再加上机构调整导致人员变动频繁，新来的员工可能是以前没有接触过 ERP 系统的人，要尽快上手更是难上加难，导致部分员工一提起 ERP 就头皮发麻，更不用说熟练掌握了。

（三）问题分析

为解决这个问题，班组安排操作熟练的员工对 ERP 系统进行操作并录制，分门别类地录制工程项目管理过程中需要用到的每个 ERP 操作环节，形成一系列的操作视频指导手册，大大提高了员工 ERP 系统的熟练操作程度。

（四）解决举措及方法

针对以上问题，让熟练操作 ERP 系统的员工进行面对面教学是最好的办法，但耗时多，教学进展缓慢，无法将授课内容记录下来，教学过程不具有可重复性。通过大量实践发现，如果能把 ERP 系统的操作过程录制下来，让初学者反复观看学习是最快速便捷的方法。班组利用一款可以进行桌面录制的软件，分门别类录制各 ERP 操作环节。

视频录制并制作好后，通过师带徒，即由班组两名省电力公司 ERP 系统关键用户对班组其他项目经理进行培训，对工程管理过程中需要使用的物资模块、项目模块、设备模块、财务模块，手把手进行指导，初学者经过关键用户的指导后再加上操作视频的反复观看及练习，在短时间内迅速提高了 ERP 系统的操作熟练程度，为日后独立操作系统打下坚实的基础。

1. 目标

通过 ERP 操作视频的学习，迅速提高 ERP 的初学者和对电脑不熟悉的老员工的 ERP 系统操作水平，大大提高工作效率。

2. 结对

针对班组实际，由师带徒进行"一对多"结对培训，同时结合"班组讲堂"进行实战培训，在项目物资需求、项目付款、项目转资等多个环节进行模拟练习，并针对易出错的环节进行反复练习，迅速提高系统操作熟练水平。

3. 传承

公司各班组制作推广 ERP 操作视频手册，已有多个部门班组前来学习，反馈受益匪浅，大大方便了电力员工学习使用 ERP 系统，做到"墙里开花墙外香"。

（五）结果评析

ERP操作视频由工程班员工自行研究制作，在班组"传帮带"过程中起到了十分重要的作用，尤其对ERP的初学者和对电脑不熟悉的老员工非常方便，大家可以迅速掌握ERP操作技巧。不仅在本班组流传，还传到了其他需要使用ERP系统的班组，希望视频操作手册能一代代传下去，并根据新的形势变化进行更新，服务更多的电力员工。2010年至今，公司数十名员工观看使用了ERP视频操作手册，尤其在ERP系统刚上线时，大部分人都对系统不熟悉，通过观看视频手册并反复练习迅速提高了系统熟练操作程度，尤其在2015年的实践过程中，因为班组采用了ERP操作视频的指导，大大提高了班组项目经理的ERP系统操作熟练程度，在项目全过程管控过程中发挥了重要作用，2015年系统误操作率大大下降，工程结算率达到了100%，工作效率得到了大幅提高。

【案例6-6】班组"每周一课"提升班组成员工作技能水平。

（一）背景描述

班组人员在实际工作中遇见的疑难问题，指定人员将问题的处置过程关键点、细节内容进行提炼；对多数人员较陌生的设备及相关规定，指定人员对设备运维的关键点、规程规定的要点内容进行梳理，利用班组每周安全日时间，开展班员自主讲课，共同提升运维技能。

（二）存在问题

班组人员参加工作时间不长，参与变电站的操作、维护工作不多。如：500千伏变电站外来所用电源35千伏（10千伏）开关柜的转检修操作，一年平均操作不到一次；220伏直流蓄电池组核对性充放电试验；联变消防水喷雾系统检查等。人员轮换频繁且所辖变电站为智能变电站，班组成员对所管辖的设备不熟悉，容易出现设备维护不到位、维护质量不高等情况，参与运行维护的员工经常要电话询问执行过程的细节问题，工作效率有待提升。

（三）解决举措及方法

（1）充分利用班组内部资源，开展授课交流。工作过程遇见的问题，需要经验丰富的班组成员或实际处理过的班组成员讲解，才能把具体细节描述清楚、讲透；班组成员之间相互沟通、相互启发后，可更好地指导实际工作开展。

（2）丰富安全日活动内容，完善班组基础资料。班组安全日活动，加入班组成员授课内容，形成相互共同讨论技术、共话安全要点的氛围，安全日活动更加丰富；授课课件经过大家的讨论、主讲人员对疑惑进行完善后，形成班组基础资料进行传承。

（3）制订授课计划，开展授课效果评估。结合班组工作实际（员工对运维一体项目掌握情况、对设备操作掌握情况）及工作计划，班组制订年度授课计划，指定授课的主要方向。授课结束后，根据授课是否符合现场实际、能否解决班组成员现场工作开展进行评估，将评估情况纳入班组月度绩效。

（四）结果评析

通过自主授课的开发，授课人员会主动学习规程、规定的相关要求，提前到现场了解所辖设备的差异，熟练掌握工作过程的要点，能够很好地指导其他班组成员开展运维一体工作。当授课内容无法解决班组其他班组成员提出的疑惑时，一起查找解决问题的方法，共同提升技术、技能。

经过一段时间的授课积累，班组需掌握的113项运维一体项目及其他工作，班组人员通过查看课件、询问授课人员，可快速解决问题，各项工作均能顺利开展；同时，完善了班组的基础技术资料。

【模块小节】

班组长管理培训课程可让班组长掌握班组成员能力，扬长避短，稳定员工队伍，充分提高工作氛围与综合素质；高效提升班组运作绩效；高效提升班组运作的核心能力，提高员工队伍的执行力、创新力、学习力、协作力、责任力。

【思考与练习】

1.班组教育培训的主要目的是什么？

2.班组层面组织的业务培训有哪些方式？

3.开展讨论会形式培训方式有哪些？

第七章
开展应急管理

第一节　编制应急预案

【小节说明】为全面规范和加强国家电网有限公司应急管理工作，切实防范和有效处置对公司和社会有严重影响的安全生产事故与社会稳定事件，减少事故灾害和突发事件造成的影响与损失，针对电网安全、人身安全、设备设施安全、网络与信息安全、社会安全等各类突发事件，编制相应的应急预案，明确事前、事发、事中、事后各个阶段相关部门和有关人员的职责。

【学习目标】结合自身电网特点及薄弱环节，组织编制切实可用的应急子预案并组织学习落实，做好预案切实可用。

编制应急预案具体包括以下四个步骤：

第一，组织班组学习并宣贯上级应急管理文件（利用主题班会的形式进行宣贯学习）；

第二，组织编写本专业应急预案（按照编写、完善、审核、批准的流程完成应急预案编制）；

第三，组织完善细化班组应急值班机制（需根据班组的人员配置情况合理制定）；

第四，组织开展应急预案的学习落实（利用主题班会等形式组织学习）。

一、学习应急管理文件

利用主题班会等形式，针对国家电网有限公司、省电力公司、市电力公司、县（或区域）电力公司的应急管理工作规定或条例进行宣贯，并与班组成员进行充分交流沟通，使与会人员充分认识到应急管理工作的重要性及编制应急预案的重大意义，增加对该工作的积极性。

二、编写完善应急预案

（一）编写

根据公司要求及自身电网的结构和特殊点，结合各地方地理、环境、气候、负载率及负荷特点编制不同情况下的应急预案（或子预案），并根据人员的技术水平能力合理安排专人（一般为常白班人员）编制应急预案（若人员不足，需视班组工作量安排合适的人员进行编写，并适当延长编写时间）。

（二）完善

预案编制完成后，交由他人进行审核，并将其认为需改进的地方做出标注。利用主题班会时间，提出问题，并由全体与会人员共同参与讨论得到合理结果，完善预案。

（三）审核

预案修改完毕后，由班组长带领编制人员向部门领导请示汇报，并根据部门领导意见进行二次改进完善。

（四）批准

经部门领导审核通过后，由部门领导向公司领导汇报该应急预案，并经批准通过后方可实施。

注意事项： 编制应急预案中可根据不同情况进行子预案的编制。子预案编制时也需考虑编制人员安排的合理性，并在编制完成后由他人进行完善改进。子预案全部完成后由预案编制人进行整合，并提交领导进行审核批准。

三、完善应急值班机制

由班组长根据班组成员构成、值班模式、应急值班场所等情况，合理制定应急值班机制，汇报部门领导并征得同意。制定应急值班机制时，应充分考虑人员安排的合理性、应急值班的必要性及值班机制的可行性，确保应急值班机制有效落实。

注意事项： 制定应急值班机制时应充分考虑各种极端条件下应急人员的安排，并充分考虑应急值班人员无法到位或应急值班场所不具备值班条件时，如何合理安排值班人员进行轮换。

四、学习落实应急预案

利用主题班会的时间，对批准通过的应急预案进行宣贯学习。确保全体班组成员掌握该应急预案及内容，并针对该预案涉及情况进行针对性的反事故演习。确保全体班组成员可熟练处置相同类型的故障事故。

注意事项： 应急预案应统一进行分类保管。确保值班人员能第一时间找到相应应急预案并帮助进行事故处理。

五、管理案例

【案例 7-1】 编制应急预案。

（一）背景描述

某年某月，某地市遭遇强降雨天气，地调人员接运行人员汇报，某 10 千伏高压室进水严重，站内 10 千伏母线及附属设备无法坚持运行。地调人员与配调人员确认该站未带重要用户后，对该站 10 千伏母线采取紧急停电措施。停电后配调人员汇报，该站带有防汛排水负荷。停电造成该防汛负荷供电中断，20 分钟该防汛负荷恢复。

（二）存在问题

编制该站应急预案时，未充分统计该站所带负荷性质，造成强降雨天气时防汛排水负荷中断，对周围区域的排水系统造成重大影响。

（三）问题分析

地调人员在编制应急预案时，未与配调人员进行充分沟通，造成负荷统计时出现明显纰漏。配调人员在地调人员准备采取紧急停电措施前，未对地调人员进行提醒，造成防汛负荷损失。

（四）改进措施和方法

针对所带负荷性质，对该站在不同极端条件下均需制定不同的预案，确保不会出现应急保供负荷损失。

（五）结果评析

根据《国家电网有限公司应急管理工作规定》的要求，应建立上下对应、相互衔接、完善健全的应急预案体系。应急预案制定应与上下级部门相互关联、沟通，并与地方政府应急预案相衔接，确保应急预案的完整、合理性。

【案例7-2】优势提炼型预案编制。

（一）背景描述

某年某月，某220千伏母联开关间隔故障，220千伏母差保护动作导致220千伏母线全压，造成1座220千伏变电站、2座110千伏变电站全部失电压，4座110千伏单电源供电。某地调调度员根据之前所编制的应急预案，对该220千伏内110千伏母线方式进行及时调整，快速恢复110千伏母线的供电，并使失电压及时恢复供电。

（二）优势提炼

该案例中所编写的事故预案，充分考虑了220千伏母线全失情况下造成的负荷影响，并针对该故障情况下可进行的110千伏方式调整给出足够的建议，使调度员在处理过程中快速优化，大大减少了对外停电时间。

（三）主要做法

通过对110千伏系统接线方式的完善，极大丰富了故障情况下调度员快速恢复供电的手段。在故障情况下，除了依赖隔离故障点后对 220 千伏母线送电及配网负荷外倒、母线反带的手段外，通过 110 千伏系统对方式进行调整也可快速恢复供电并有效降低部分电网风险。

（四）结果评析

根据《国家电网有限公司应急管理工作规定》的要求，应加强对应急预案的动态管理，及时评估和改进预案内容，不断增强预案的科学性、针对性、实效性和可操作性，提高应急预案的质量。

【模块小节】

应急预案应符合电网安全生产特点及本单位应急管理工作实际；与公司应急预案、地方政府应急预案相衔接。应急预案内容与应急值班制度应根据所辖调度设备情况及班组人员配置情况，进行每年定期调整，确保预案的实用性、有效性。

【思考与练习】

1. 调度员编制应急预案时应考虑与哪些专业做好协同工作？

2. 若遇到的故障情况与预案中的情况不完全相同时，应如何充分使用应急预案？

3. 应急值班人员如不能及时到岗到位（非人员原因），应如何安排应急值班工作？

第二节　开展反事故演习

【小节说明】电力系统故障具有突发性、快速性、灾难性的特点，然而由于高电压等级的电网发生重大电网故障的情况非常少，导致员工缺乏大型事故处理的实践与经验。开展反事故演习可以提高调度人员的技能水平及反事故处理能力，为调度人员在处理故障、恢复送电过程中提供帮助。

【学习目标】协助公司、部门开展反事故演练方案编写的工作，完成本专业方案、形成剧本，并及时安排人员演练、总结，提升调度员应急处置能力。

开展反事故演习具体包括以下四个步骤：

第一，协助公司、部门领导完善本专业综合反事故演练方案（提出针对性建议，并与其他专业部门进行沟通）；

第二，负责安排专人编制综合反事故演练剧本（合理安排人员编写剧本并经领导审核、批准）；

第三，组织开展本专业综合反事故演练（安排合适的人员参与反事故演练）；

第四，负责形成演练总结报告，提出专业建议（针对演练中存在的问题提出合理化建议）。

一、完善综合反事故演练方案

积极参与公司、部门反事故演练方案研讨会，针对本专业内容提出针对性建议（包括参演人数、演习时长、演习故障设置等方面），与其他协作专业部门进行沟通，一起讨论出大致的演练内容及步骤，并经公司领导确定最终的反事故演练方案。

二、编制综合反事故演练剧本

（一）编写

根据公司确定的反事故演习内容，结合自身电网的结构和特殊点。安排具有较强技术水平能力的人员（一般为常白班人员）编制本专业反事故演练剧本（若人员不足，需视班组工作量安排合适的人员进行编写，并留出足够的编写时间）。

（二）审核、批准

本专业的反事故演练剧本编制完成后，由班组长进行初步审查并提出针对性意见（包括对话内容、操作步骤、处理事故逻辑等方面）进行完善。完善后交给部门领导进行审核，并根据其所提出的意见进行进一步修改。最终交由领导本专业的领导进行批准。

注意事项： 应尽量安排具有充足经验的人员进行反事故演练剧本编写，以确保剧本的实用性及合理性。

三、开展专业综合反事故演练

班组长应协助部门领导开展本专业综合反事故演练。班组长应根据班组人员构成、值班模式等情况，合理安排参加综合反事故演练的人员。可优先安排资历较浅的调度人员参加演练，以增强其处理事故的能力，提升专业技能水平。班组长应根据演习时间及参演人员合理调整班组轮班制度，确保参演人员有足够的时间熟悉剧本，并按时参加演习。

注意事项： 若本专业综合反事故演练需其他专业进行配合，应提前与相关专业做好沟通。确保其他专业人员也能按时参加演习。若无法参加，涉及其他专业的剧本内容应得到相关专业人员的认可，以确保演练内容的真实性与合理性。

四、形成演练总结报告

参与反事故演练的人员应对演练内容积极进行总结，对本次演练中仍存在的问题进行汇总，形成本专业的演练总结报告，并根据问题提出合理化建议，汇报部门领导。

五、管理案例

【案例 7-3】安全风险控制管理。

（一）背景描述

安全生产是企业永恒的主题，是做好一切工作的基础。要始终坚持"以人为本、安全发展"的理念，落实各级安全责任，把握安全工作规律，坚守底线和红线意识，全过程、全方位加强安全风险管理，不断提高安全生产工作水平。

（二）存在问题

（1）地区处于城乡接合部，违章建筑、走廊被侵占、树线矛盾、三线交越及线路外破的矛盾比较突出，电力线路的安全运行带来极大隐患。

（2）现场执规力度需要加强；作业现场习惯性违章时有发生。作业人员在现场作业时由于自身素质的欠缺，执规力度不够，对工器具、仪器仪表等使用不规范，各项安全措施执行不力。

（3）客户侧供电安全隐患依然存在；用户均不同程度存在安全隐患问题，由于整改资金等因素影响，客户对自身设备隐患整改被动，安全隐患长期存在。

（三）解决举措及方法

（1）线路存在的安全隐患，采取以下方法：

1）对辖区内线树矛盾的隐患点加大巡视力度，同时提早联系市园林局给予及时修剪，加快线树矛盾消缺力度。

2）结合巡视定期开展线路违章建筑、三线搭挂等安全隐患排查治理工作，健全相关台账，建立隐患排查治理常态机制，持久、规范开展安全生产隐患排查治理，同时跟踪督促安全隐患的整改工作，及时向上级安全管理部门和政府有关部门报备安全隐患治理的开展和整改情况。

3）加强"安全隐患"的管理，建立"安全隐患设备"台账，制订整改计划，督查并落实整改，采取可行且有效的防范措施，杜绝因"隐患设备"引发的人身事故和重大设备的损坏以及因扩大所造成的电网事故。改造过程中应做好红线设备警示标识，操作前应做好勘测，并有专人监护。

（2）现场反违章执规力度不足，采取以下做法：

1）根据电业局安全生产反违章方案结合实际制定反违章方案，继续通过安全值日师检查、局领导带队现场督查、班组互查、职工自查"四查"工作措施，全面深入开展反违章工作，同时实施反违章活动正面激励机制，提高班组、车间违章自查自纠积极性，收到更好的"反违章"效果。

2）结合部门值日时加大现场监察性巡视力度，对现场工作监督、监护不到位的加大考核力度。

（3）客户侧的安全隐患，采取以下做法：

1）加强客户侧设备的定期巡视，完善日常联络、沟通机制，实时掌握客户侧设备运行状态，做好取证留证工作。

2）筹备举办客户侧电工业务知识免费培训班，帮助客户提高业务水平和故障处置能力。

3）落实客户侧安全隐患整改跟踪责任，既要确保隐患整改通知书发放到位，又要确保定期跟踪落实到位。

4）定期对隐患进行汇总向地方安委会报送。

（四）结果评析

根据上级年度安全生产目标和工作重点为指导，结合安全生产工作情况，通过安全风险管控，做到与安全生产隐患排查、防人身事故等专项监督工作相结合；与一线员工安全教育培训相结合；与建立健全安全生产规章制度和落实安全生产责任相结合，对辖区内开展安全生产工作。对发现的安全生产工作中的一些薄弱环节和用电设备隐患，坚持"边检查，边整改"的原则，逐项进行整改。对一时难以解决的问题制订整改措施计划，限期整改，并指定专人落实，进入常态管理，避免同类问题重复出现。

【模块小节】

本专业反事故演练应与公司制定的综合反事故演练内容相照应，编制演练方案人员与演习人员应尽可能不同，确保每位班组成员都能参与至少一次演练方案的编制或演习的经验。

【思考与练习】

1. 调度专业的反事故演习预案都会涉及哪些部门？

2. 本专业的反事故演习如何开展并取得成效？

第三节　执行风险预控措施

【小节说明】执行风险预控措施是电网安全生产运行中不可或缺的重要手段，各专业通过提前开展风险识别、风险预警制定相关风险预控措施，建立安全风险管理机制，进行超前预控，确保电网安全稳定运行。班组长要对电网风险预控措施的执行环节进行严格把控，一方面根据检修计划提前辨识主要风险，合理安排电网运行方式，参与风险措施的编制和审核，对电网风险实施超前分析和流程化控制；另一方面组织班组成员学习掌握电网风险点及相关措施，强化各部门间的协调沟通，确保风险预控措施落实到位，有效防范责任性电网事故的发生。

【学习目标】梳理风险预控措施的执行流程，对措施的编制、审核及发布宣贯等关键环节进行有效的监督和把控，科学制定风险预控措施。同时，安排人员对风险预控措施进行逐项落实，做好部门间的沟通协调，提升专业的执行力和事故处理效率，降低风险造成后果的严重程度和风险发生的可能性，把风险控制在可接受的程度。

执行风险预控措施具体包括以下三个步骤：

第一，负责审核风险预控措施专业部分的编制。结合检修计划及电网风险点，提高风险预控措施的编制要求，审核即将发布的相关文件。

第二，组织开展本专业风险预控措施的学习宣贯。根据发布的风险预控措施文件，结合班组工作内容，安排组内成员进行文件学习。

第三，负责落实风险预控措施。制定预控措施执行流程，值班调度员将相关措施提前通知到位，确保各项措施能够顺利落实。

一、审核风险预控措施

班组长对检修方式下存在的薄弱环节及风险进行分析，结合相关技术措施和组织措施，具体参考以下两个方面。

（一）电网结构方面

考虑优化电网结构、电源和负荷分布，提高电网安全稳定度；调整电网运行方式和潮流分布，减少 N–1、N–2 事故可能造成的损失；及时消除一、二次设备缺陷，降低风险发生的概率；优化施工、调试、试验方案，减少危害因素及持续时间等。

（二）部门协同方面

需要强调对有关单位、部门及人员的工作要求；物资、人员和技术准备；过程安全管理和安全监察以及针对性事故预案和快速应急响应机制。

组织评审进一步加强风险预控措施的调控审核力度，依据《河南电网调度控制管理规程》风险预控部分规定，结合当前电网存在的风险点，组织人员审核风险预控措施本专业部分内容。

注意事项： 审核预控措施时应考虑造成电网风险的相关因素，针对即将开展的检修工作内容、特殊方式、恶劣天气、影响电网安全可靠运行的设备缺陷及薄弱环节等进行电网风险点分析，提前对影响电网运行的检修工作内容做好方式安排，确保预控措施。

二、组织宣贯预控措施

电力调度运行中存在不少安全隐患和风险，对于调度人员来说必须提高自身的安全意识，端正工作态度，提高警惕，做到从安全事故中吸取教训，才能避免发生安全事故，保证电网安全稳定运行。在制定风险预控措施时应该加强对班组成员的安全教育，根据班组成员时间，组织开展本专业风险预控措施的学习宣贯，做到每个调度值班员对电网运行方式、风险点及预控措施都有清晰认识并熟练掌握，在提升业务水平的同时也增强风险防控意识。

注意事项： 组织学习宣贯应考虑当值人员值班问题，注意根据班组成员情况合理安排人员及时间。可在每周开展全班安全日活动时，安排非当值调度员对全班人员宣读本专业的相关风险预控措施，其他值班员对其风险点分析及预控措施进行评估，提出改进和完善措施。

风险预控措施不仅限于即将进行的相关检修计划，重在提升人员的风险防控意识，便于后期各项措施的顺利执行。

三、落实风险预控措施

电网安全风险会发布至引发风险的有关单位、风险可能影响的单位和需采取措施防范风险的有关单位。涉及调度专业部分应提前进行分析评估，提出更加明确的风险辨识和防范措施，细化风险防控要求。

应制定风险预控措施实施标准，根据检修计划和风险预警时间合理安排班组人员，严格按照风险预控措施及风险预警单等相关文件要求做好各项工作，提前落实好各项措施，合理安排电网运行方式，加强系统运行监控，优化电网安全防线。同时对预控措施实施情况和控制效果进行跟踪监测和评估，以确保措施及时、有效完成，实施过程中发现措施不完善的，应及时提出并予以完善，造成影响较大者可视情况采取考核手段，以便增强措施的执行力度，有效控制电网安全风险。

注意事项： 各级调度应有风险协同应对意识，涉及范围较大的检修计划可能造成若干不同等级的电网风险，需各级调度协同配合，共同完成风险预控措施的实施执行。调度部门应会同安监部门定期对风险评估的合理性、风险预控措施的落实情况和效果及时评估和回顾，以持续改进风险评估和控制水平。

四、管理案例

【案例 7-4】 停电风险预控措施未执行到位问题分析。

（一）背景描述

某日 7 时，某供电公司安排执行某项检修停电计划，因安排方式较复杂，会造成 110 千伏单电源，存在六级电网风险。相应预控措施提前下发各相关单位，且调度台于前一天将涉及的各项措施通知对应部门并告知提前做好相关预控措施。计划执行当日，即将进行停电操作时，输电运检中心专工汇报护线人员不够且未得到通知，相应护线特巡措施无法到位，导致操作无法继续进行。经过几小时的协调和沟通后，方得到措施到位的汇报，待设备停电结束具备工作条件时已是下午。其间变电运维中心、变电检修中心、电缆运检中心等部门均将人力耗费在等待上面，最终耽误进度导致计划一直未完成。

（二）存在问题

输电运检中心的预控措施未按时执行到位，影响操作时间，最后导致检修计划在批准时间内无法完成。

（三）问题分析

风险预控措施提前发布至各相关单位，仍有措施未按时落实到位的情况。一方面反映人员安全和风险防控意识薄弱；另一方面未制定相关奖惩考核方法，风险防控意识有待加强。

（四）改进措施和方法

风险预控措施实施情况和控制效果需要进行跟踪监测和评估，以确保措施及时、有效完成，实施过程中发现措施不完善的，应及时提出并予以完善。调查完成后应进行相关人员的考核，以儆效尤，同时引起重视，有利于养成良好的工作作风和习惯。

（五）结果评析

调度部门应会同安监部门等相关部门，记录并汇总类似案例，定期对风险评估的合理性、风险预控措施的落实情况和效果及时评估和回顾，建立健全风险管控体系和机制。

【模块小节】

要强化电网风险防控管理，增强风险预控措施执行力。

一是要扎实做好电网风险预控各环节工作，严把措施的编制和审核关卡，确保电网风险可控、在控。通过深挖电网潜在安全风险，开展电网严重事故预想分析，合理安排相关的电网运行方式，尽量保证重要用户的双电源供电，精准控制电网运行风险，将风险等级降至最低。建立各级调度风险协同应对机制，合理制定预控措施与紧急控制措施，有效化解电网运行风险。

二是要及时制定、滚动修订和发布调度各类事故处置预案。定期安排人员进行预案的更新完善，同时安排班组成员开展近期风险预控措施的学习宣贯，提升应对突发风险能力。

三是建立各级调度风险协同应对机制，合理制定预控措施执行标准。可以细分电网风险，制定总方案的同时细化到各级调度、各个部门，通过落实各级电网事件对应的风险预控措施，增强总方案的整体执行效果。将执行流程进行记录和整理，与相关部门及时结合沟通，不断完善预控措施的执行标准，全面提升电网应对各类风险的能力。

【思考与练习】

1. 简述制定风险预控措施前对电网特殊点及风险点进行梳理的必要性。

2. 风险预控措施的编制和审核需要考虑和注意哪些方面？

3. 风险预控措施学习和宣贯的人员积极性不高，怎么处理？

4. 落实各项措施到位时难免出现困难和阻碍，作为班组长如何提高措施的执行力和班组工作效率？

基于业务管理的
班组长进阶式培训教材
‹‹‹ 业务管理 篇

国网河南省电力公司郑州供电公司　编

中国电力出版社
CHINA ELECTRIC POWER PRESS

图书在版编目（CIP）数据

基于业务管理的班组长进阶式培训教材．3，业务管理篇 / 国网河南省电力公司郑州供电公司编．-- 北京：中国电力出版社，2025. 3. -- ISBN 978-7-5198-9715-4

Ⅰ. F426.61

中国国家版本馆 CIP 数据核字第 2024P4W001 号

出版发行：中国电力出版社
地　　址：北京市东城区北京站西街 19 号（邮政编码 100005）
网　　址：http://www.cepp.sgcc.com.cn
责任编辑：马　丹
责任校对：黄　蓓　郝军燕
装帧设计：郝晓燕
责任印制：钱兴根

印　　刷：北京世纪东方数印科技有限公司
版　　次：2025 年 3 月第一版
印　　次：2025 年 3 月北京第一次印刷
开　　本：787 毫米 × 1092 毫米　16 开本
印　　张：16.5
字　　数：273 千字
定　　价：66.00 元（全 3 册）

丛书编委会

主　　任　丁和平　王　磊

副 主 任　方　珂

委　　员　陈建凯　景中炤　冯志敏　赵　亮　程　昶　康少华　左魁生

　　　　　杨　潇　申全宇　唐翠莲　王　兵　费　鸣　丁黎晓　高　尚

　　　　　郜　阳　罗　玲　陈一潇　李依琳

编写组（业务管理篇）

组　　长　张志锋　王育红　马鑫鑫

编写人员　李云红　王　凯　孙继军　郭裕琪　曹子媛　梁政璇　路嘉琦

　　　　　张　将　沈胜利　李力争

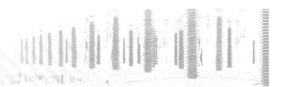

前　言

　　班组是企业的细胞，是企业管理的前沿阵地，班组建设发挥着强基固本作用。班组强则企业强，班组长作为班组的当家人和顶梁柱，是班组的指挥官和决策者。班组的一切任务都需要班组长来落实，班组的一切事务都需要班组长来处理，班组的一切人员都需要班组长来调配。班组长要管的不仅是人员、事务，还要管生产、管设备、管质量、管安全、管创新，从安全生产到质量控制，从班员激励到团队建设，从开源节流到自主创新，从班组例会到上情下达，从制度执行到人员分工，无一不需要班组长。

　　为加强班组长培养，打造一支技艺卓越、管理精湛班组长人才队伍，国网郑州供电公司组织开发了"郑光明"班组长岗位培训教材，本教材依托班组长岗位任务—能力素质二维模型，梳理精细化、实务化、模块化的工作步骤，并按照"强基""提升""超越"三个层级，梳理了班组长应知应会，并针对各模块内容提供了场景化的案例分析，有针对性地为读者提供了班组长管理场景、具体问题的解决范例。本书具备以下特点：

　　（1）以工作任务模块为教材大纲，紧密结合班组长岗位各项工作，针对班组长生产管理中各项困难及亟待解决的问题，提供知识和指导，帮助读者快速充电。

　　（2）侧重班组长管理思维、技巧的引导，从管理角度入手，着重对班组长的管理标准、案例进行全面分析，强化管理经验的总结提炼，便于读者理解与掌握。

　　（3）场景化案例教学内容设计，本教材每小节至少包含一个班组长管理案例，让班组长在学习过程中能够结合场景，拓宽班组管理思路。

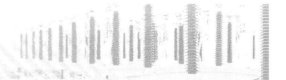

目　录

业务管理篇

用实干诠释担当

第八章
管理调度业务

第一节　执行停电检修计划

【小节说明】 执行停电检修计划是调度值班日常的一项比较重要工作，占据调度值班时间较多，占用调度员精力较大。班组长作为班组安全的第一责任人，在停电检修计划编制、审核和执行阶段，一定要把控好各阶段的关键点，保证班组执行停电检修计划的安全性和正确性。

【学习目标】 通过本章学习，提升班组长审核停电检修计划的能力，审核停电检修计划时需要考虑的各种因素，以及执行停电检修计划时的特殊情况，让班组长能够综合各方面条件，找到一条较优的方法，确保日停电检修计划的顺利按时安全执行。

执行停电检修计划具体包括以下三个步骤：

第一，审核停电检修计划编制的科学性和合理性；

第二，根据日停电检修计划合理安排人员；

第三，监督执行。

根据《河南电网调度控制管理规程》（第四章调度计划）和《郑州电网调度控制管理规程》（第四章调度计划）的要求和规定，完成停电检修计划的审核、会签和执行。

一、审核停电检修计划

一是审核计划编制的科学性和合理性，计划内容是否描述清楚、风险是否过多、风险等级是否满足规定等。

二是结合现有计划，审核计划的开始时间或结束时间是否过于集中、是否超出值班调度员的承载力。收集整理班组成员的反馈建议，进行整体评估，并将评估结果反馈至中心计划专业，使月、周计划的编制趋于合理，满足调度员的承载力，保证计划可执行的有效性。

三是待中心计划专业发布日停电检修计划后，调度专业作为计划执行的最后一个环节，对计划的安全和顺利执行起关键作用，值班调度员应根据班组制定的审核要求审核日停电检修计划。这是作为班组绩效的一项考核内容，考察值班调度员是否担负日停电检修计划的最后把关工作，也是计划能否安全顺利执行的关键。

注意事项：一是根据电网运行方式、保电、缺陷异常、次日天气等，审核计划的正确性和合理性；二是审核计划的开始时间是否过于集中，是否超过本值的承载力等；三是涉及的预控措施、送电措施等是否正确完整。

二、安排计划执行人员

部分特殊情况（如度夏节点工程、重大保电设备例行试验检查等），根据实际情况，安排专职调度员跟踪负责此项停电检修计划。

（一）评估/匹配计划与班组承载力适应关系

地调班班长在接到值班调度员关于日停电检修计划开始时间或结束时间过于集中，超过当值承载力的情况下，应对相关计划进行整体评估

（二）反馈评估结果

向上反馈给领导；向下反馈给班员评估结果与反馈结果一致时，应将其反映至中心领导，并及时与计划专业人员进行联系沟通，合理调整计划时间。

注意事项：

（1）如果确有特殊情况（如度夏度冬节点工程、保电设备例试检查等），无法调整时，应立即安排备班调度员，组成加强班模式，避免出现因人员问题造成计划

无法安全顺利按时执行或终结。

（2）遇有重大停电检修计划，地调班班长根据停电检修计划内容，应及时与计划专业沟通联系，安排专职调度员跟踪负责，减轻当值调度员的压力，采取班会或视频会议等形式，组织班组学习和相关演练，保证该计划调度操作的安全性和正确性。

三、监督检修计划执行

班组长应每周、每月对班组执行情况，汇总统计，并与班组成员进行沟通交流，对停电检修计划的审核和执行情况进行一次全面的分析，是否有新的问题出现，是班组内部的还是与其他专业沟通不畅，及时跟进处理。

四、管理案例

【案例 8-1】月计划安排较多时，超出承载力问题。

（一）背景描述

某年 5 月，某电力调度控制中心计划专业编制 5 月主网月计划（初稿）共计279 项，发送至班组邮箱。地区调度班值班模式为四值两运转，每值三人（值班长、正值调度员、副值调度员）。

（二）存在问题

（1）5 月共计 31 天（含"五一"假期 5 天、周末 7 天，考虑调休），实际工作天数 19 天。

（2）日平均计划量约 14.6 项（未考虑天气、保电等因素）。

（3）若考虑天气、保电等因素，实际工作天数小于 19 天，日平均计划量可能会大于 15 项。

（三）问题分析

对于月计划（初稿），地调班班长应要求每值值班长进行初审反馈，整合各值建议和意见，进行综合评估，考虑班组和各值承载力，重大型停送电操作量等，形成最终的反馈意见，反馈至中心领导和计划专业，进行计划量和时间优化。

（四）改进措施和方法

（1）根据实际情况，优化总量减至277项。

（2）充分利用周休，适当安排计划，尽量减少工作日的计划量。

（3）大型停电计划与电容器等简单计划组合，尽量减少日计划的大型操作量。

（4）合理安排操作开始时间，尽量保证每小时不超过三个操作票下令操作。

（5）对于计划的审批，安排调度员专人负责，确保日调度计划的正确性和可执行性，且提前准备调度操作票。

（6）遇有大型停电送电操作，安排一名调度员专门负责。

（五）结果评析

通过沟通，通过压缩计划量和增加可工作天数、优化计划开始时间、提前准备操作票等方式，尽量减少日调度停电计划的强度，尽可能在班组和各值的承载力范围内，确保了计划按时顺利实施。

【模块小节】

日调度停电计划是调度日常值班中较重要的工作，且占据值班调度员较大的精力。作为班组长，一定要对班组和各值的承载力清晰掌握，这是确保日调度停电计划能否按时和顺利实施的关键。

同时，班组长要做好与计划、运维、营销等专业的协调和沟通，落实计划开始时间、风险预控、操作步骤、用户通知等相关工作，共同完成日调度停电计划的按时顺利实施。

【思考与练习】

1.月计划较多，超出班组承载力时，作为班组长，你应该如何考虑？

2.作为班组长，如何思考班组的承载力？

3.作为班组长，需考虑日计划较多时，是否对调度值班有影响？是否因操作过多、占用时间过长，不利于有电网异常故障的处理？

第二节　组织新改扩建验收

【小节说明】新建或改扩建工程移交生产运行前，必须进行启动和竣工验收。

送变电工程的启动验收是全面检查工程的设计、设备制造、施工、调试和生产准备的重要环节，是保证系统及设备能安全、可靠、经济、文明地投入运行，并发挥投资效益的关键性程序。班组长作为班组生产的第一负责人，应做好对应的分工工作，确保班组安全顺利完成设备验收启动试运行工作。

【学习目标】班组长根据《110kV及以上送变电工程启动及竣工验收规程》《郑州电网调度控制管理规程》等规程要求，按照公司实际工作情况，制定本班组相关业务流程及工作标准，并在工作中不断细化深化、完善相关标准，确保班组工作有条不紊、井然有序地开展。

组织新改扩建验收启动试运行具体包括以下三个步骤：

第一，制定工作流程及工作标准；

第二，完成设备验收；

第三，完成设备启动试运行。

一、制定业务流程标准

新、改、扩建设备验收启动试运行工作是一项由安全监察部、调度中心、设备施工单位、工程监理单位、工程设计单位、基建或生计工程管理单位、设备验收单位、变电运行等多部门协同完成的复杂工作。班组长须根据相关规程规定，结合公司实际情况，明确本班组负责工作内容，组织班组成员梳理工作流程，制定翔实的工作标准和作业指导书，使班组成员每个工作环节都有规可依、有章可循，班组工作才能井然有序。

注意事项：开展标准化作业对于保障安全和提升效率收益明显、直接，班组长应对本班组的工作流程及工作标准实施动态管理，对其可操作性、针对性、符合性、适应性进行评估，及时修正完善并第一时间完成对班组成员的学习宣贯。

二、完成设备验收工作

地调班接收变电运行人员对新建或扩建设备验收结论的汇报，同时依据变更单对D5000系统潮流图进行验收。

注意事项：班组长应带领班组成员，与时俱进，紧跟电网设备的飞速升级，不断学习新设备、掌握新知识、掌握新系统。

三、设备启动试运行

新建或扩建设备经启动委员会验收已具备启动并网的安全和技术条件后，将安排计划启动并网试运行工作。班组长需要能够科学地分析、计算、判断、处理、调整，找出问题症结，制定切实可行的措施。班组长需做好以下工作：

第一，班组长需审核试运行方案是否正确、合理、完备。

第二，班组长需组织班组成员采取班会或视频会议等形式，认真学习试运行方案，提前准备好全部操作票，做好试运行操作前期预演，保证试运行中调度操作的安全性和正确性。审核涉及的预控措施、送电措施等是否正确完整。

第三，班组长需审核试运行计划时间安排是否合理，是否超过值班调度员的承载力。若评估超出当值调度员的承载力时，及时将评估结果向上反馈给领导，向下反馈给班组成员。并及时与计划专业人员联系沟通，合理调整计划时间，如果确有特殊情况无法调整时，应立即安排备班调度员，组成加强班模式，避免出现因人员问题造成试运行工作无法安全顺利进行等情况的发生。

注意事项： 为保证新设备试运行操作在电网晚高峰前顺利结束，合理安排送电计划时间，原则上都在白天进行新设备送电，减少夜间操作带来的电网风险。试运行结束后，督促当值调度员完成资料的归档。

四、管理案例

【案例 8-2】试运行无法顺利进行。

（一）背景描述

某 110 千伏新建试运行过程中，接到设备管理单位通知，线路存在遗留缺陷，不具备试运行条件，试运行被迫终止。随后的处缺工作中，因设备维护职责不明确，耽误大量时间，同时因为现场二次人员长时间等待后离开，试运行操作再次受到影响中止。

（二）存在问题

一是施工单位与验收单位前后汇报不一致。

二是设备运行维护职责划分存在模糊点。

三是二次人员在试运行过程中离开。

（三）问题分析

试运行前相关单位工作未尽到相应职责。试运行中，人员缺乏统一指挥调配。

（四）改进措施和方法

第一，提前召开送电启动会，各专业都明确设备具备送电条件后再安排送电计划。

第二，送电启动会上，明确试运行期间设备管理单位，运行维护职责划分，明确试运行领导小组成员。试运行期间，试运行领导小组尽到应尽义务，保持手机畅通，做好试运行期间的协调作用。

（五）结果评析

班组长应将关口前移，提前发现问题并解决，应防止问题最终集中爆发。同时，提前做好统一安排，以确保在之后的试运行工作中沟通渠道顺畅，试运行能够安全顺利进行。

【模块小节】

班组长通过前瞻的管理理念、规范的管理运作、科学的工作方法，能够有效提高班组管理水平，进而提升电网调度运行管理水平。

【思考与练习】

1. 如何规范化完成新改扩建设备验收及启动试运行工作？

2. 如何用科学的方法提升工作水平？

3. 结合本单位实际工作情况，分析总结新改扩建设备验收启动试运行风险点，并提出防范措施。

第三节　开展专业化巡视工作

【小节说明】开展专业化巡视工作是调度运行专业值班工作的一项，细化巡视项目及内容，统筹安排并组织班组成员开展日常巡视和检查工作，是保障日常调控值班工作顺利完成的重要因素。班组长全面掌握巡视内容及重点，合理分配人员，组织开展专业化巡视工作，发现检查问题及时提出并完善，才能最大限度地支持调控运行值班工作，提高工作效率。

【学习目标】根据《河南电网调度控制管理规程》规定，完成值班期间常规项目的专业化巡视工作，保证调度员值班工作的设备支撑可靠性和安全性。

开展专业化巡视工作具体包括以下三个步骤：

第一，组织调度运行专业值班期间的 D5000 系统正常巡视；

第二，组织调度运行专业值班期间的通信系统正常巡视；

第三，组织主、备调场所的日常管理。

一、组织 D5000 系统正常巡视

根据值班情况和人员时间，在交接班前后组织班组成员对 D5000 系统的运行情况进行检查巡视，判断电网潮流图、实时告警窗等模块信息的正确性和即时性；针对系统缺陷或遗留问题，及时安排值班人员与监控、自动化人员沟通，确保调度运行专业值班期间系统各项功能的正常使用。

注意事项：D5000 系统是调度运行专业值班的重要技术支撑手段，系统的遗留缺陷和检查问题应纳入交接班内容，保证值班人员清楚掌握，便于在巡视检查过程中找到侧重点，提高巡视效率。

二、组织通信系统正常巡视

根据值班情况和人员时间，在交接班前后组织班组成员对通信系统运行进行检查巡视，掌握通信自动化系统的运行情况及缺陷，判断是否影响相关调控业务。调度电话等通信设备需检查话路是否通畅、功能是否完好，确保电话屏通信名单的正确性，发现问题及时联系通信专业修改，将待更正问题填写在值班记录中并与接班人员交代清楚，避免影响值班人员正常使用。

注意事项：由于通讯录的名单存在长期持续性变化，建议安排专人负责跟进情况和联系通信专业，及时更新完善名单并同步至调度电话屏。针对检修计划中待联系的单位或人员，需提前确认号码的准确性和通信系统的通畅，保证调度值班工作的可靠性。

三、组织主、备调场所的日常管理

专业化巡视需要加强主、备调运行管理，动态修订备调启用应急方案，明确组

织体系、人员配置、技术支持及后勤保障等工作要求，组织主、备调场所的日常管理，具体管理内容参考以下三个方面。

（一）技术支持系统管理

主、备调场所设施及技术支持系统配备应满足调度实时运行值班和日常调度业务开展需求，调控技术支持系统应保持同步运行，并按照要求建立完备的安全防护体系，系统日常巡检由备调所在地单位负责。

结合专业专项内容，合理安排主调运行值班和专业管理人员开展基于备调系统的常态化应用，确保核心业务可靠切换。主、备调系统的维护工作应按照相同标准进行，组织班组成员对电网运行资料等相关内容进行日常巡视检查，实现电网模型、界面一致，信息自动同步。

（二）人员管理

与备调调控机构协调，为主调配置相应的调度员。备调调度员须具备主调值班资格，统一纳入主调调度员持证上岗管理，应定期赴主调参加业务培训、参与运行值班。

安排主调调度员及相关专业人员定期赴备调同步值守，参与主调调控值班，确保具备承担主调调控业务的能力。

（三）演练管理

定期组织开展主、备调应急转换演练及系统切换测试，校验主、备调技术支持系统技术及管理资料的一致性、可用性。每年至少组织一次主、备调调度指挥权转移综合演练，全面检验备调运行水平和主备调业务切换能力。

针对可能发生的突发事件及危险源制定备调应急预案，安排人员长期滚动修编。对主、备调可用情况进行定期评估，对备调临时启用的实战情况进行总结评估，完善有关管理流程，提升主、备调管理水平。

注意事项：备调所在地的调控机构负责备调场所的日常管理，备调场所应纳入所在单位生产场所安防体系，非备调运行、维护、管理和保卫人员不得进入备调场所和备调席位工作。

四、管理案例

【案例 8-3】人员电话变更导致交接不顺利。

（一）背景描述

某日晚，当值调度员按照次日执行的检修计划对相关专业和人员进行电话通知，因有用电检查人员和电话变更，与调度电话屏上内容不一致，在值班记录中记下后未带到下一值。第二天，接班人员按照计划要求进行下令，由于电话有误一直无法联系到用电检查。

（二）存在问题

对于通讯录及电话屏未更新的情况，没有及时通知更新并与下一值交代清楚，造成下令操作时间延长，影响工作进展。

（三）问题分析

发现人员电话存在不一致的问题，需要及时更正，将正确人员、号码做好记录，并与值班人员交代清楚。班组长需要在交接班前后组织班组成员对通信系统运行情况进行检查，掌握通信系统的运行情况及遗留问题，确保电话屏通信名单的正确性，发现问题及时联系通信专业修改，以避免影响值班人员正常使用。

（四）改进措施和方法

由于通讯录的名单会持续性变化，建议安排专人负责跟进情况和联系通信专业，及时更新完善名单并同步至调度电话屏。针对检修计划中待联系的单位或人员，应提前确认号码的准确性，有问题及时向通信专业反馈并做好记录，交班时须纳入交接班内容中。

（五）结果评析

本案例是在值班期间发现问题，解决措施：一是提高交接班内容的准确性。加强值班管理；二是从巡视工作方法上提出问题和建议，保持系统的即时更新，更方便有效地解决问题。

【模块小节】

根据专业化巡视工作内容，组织做好调度运行专业值班期间的 D5000 系统、通信系统正常巡视，合理分配人员分项目进行检查，系统的遗留缺陷和检查问题应纳入交接班内容；如有需要可安排专人专事，提高系统更新和完善速率，提升调度运行值班的工作效率。

组织主、备调场所的日常巡视工作，通过对技术支持系统、人员及演练等方面的管理，不断完善主、备调管理流程和水平，提高调度运行值班工作的安全性和可靠性。

【思考与练习】

1. 组织 D5000 系统正常巡视重点关注哪些内容？

2. 组织通信系统正常巡视如何安排人员提高效率？

3. 哪些手段有助于提升主、备调场所的日常管理水平？

第四节 处理事故异常分析

【小节说明】处理电网事故异常是调度班组日常工作的重要内容，当值调度员作为电网指挥者，对事故异常处理正确性和及时性负责。调度班组长通过事前完善预案、事中指导监督、事后分析总结"三步走"进行事故异常处理全过程管理，提升班组调度员事故异常的处置能力，提高班组安全生产水平。

【学习目标】能够组织完善全面且实用的重大电网事故处理预案；指导班组调度员按照规定正确、及时处理电网事故异常，确保电网安全稳定运行；能够有效组织事故分析会，形成全面、准确的事故分析报告，代表调度专业提出适合本公司、部门的合理化建议，促进电网异常事故处理效率和质量的稳步提升。

处理事故异常具体包括以下四个步骤：

第一，组织完善重大电网事故处理预案。根据电网实际情况，组织编制和修编完善重大电网事故处理预案，并组织班组学习。

第二，指导重大电网事故异常处理。指导、监督调度员按照规程规定和相关要求，正确地处理电网事故异常。

第三，组织事故分析。组织班组讨论，分析评价相关事故异常的处理流程和步骤。

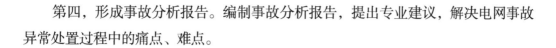

第四，形成事故分析报告。编制事故分析报告，提出专业建议，解决电网事故异常处置过程中的痛点、难点。

一、完善重大电网事故处理预案

调度班组编制完善符合电网和公司实际情况的重大电网事故处理预案，未雨绸缪，有助于引导调度员在事故异常发生的第一时间做出及时响应和正确处置。重大电网事故处理预案应全面、具体，以预测的电网最大用电负荷为基准工况、考虑恶劣情况下的处理，确保普遍适用性；执行"编制－审核－批准"流程通过制度保障其正确性；通过反事故演练验证其实用性，检验班组对预案的掌握程度。

（一）安排人员编制（修编）及审核

根据电网设备建设投运情况、电网运行方式调整、重大检修方式、重要用户以及公司防汛、保电、迎峰度夏（冬）等工作要求等，结合方式计划专业进行电网安全分析研判，按照班组成员技术水平和时间要求，合理安排人员和分工，及时编制或修编完善重大电网事故处理预案，组织班组调度值长协助班组长共同审核，事故处理预案遵循依法合规、符合实际、注重实效的原则，确保正确有效。

对重大事故处理预案编制、审核工作中表现优秀，考虑全面、处理严谨或提出独到见解的人员，根据绩效规定予以绩效奖励。

（二）汇报领导审批

班组完成重大电网事故处理预案的编制及审核后，汇报领导，经领导审批后执行。

（三）组织班组学习

组织班组学习重大事故处理预案，确保有备无患，全员掌握。

（四）进行反事故演练

为增强调度员居安思危意识，事故处理预案能起到实效，组织班组反事故演练，并确保演练到位。一方面，巩固加深调度员对重大电网事故处理预案的理解和应用，锻炼调度员风险隐患的预判和控制能力，全面提高应急处置能力；另一方面，验证事故处理预案制定的合理性，以便进一步完善预案，增强实用性。

对反事故演练中表现不佳的，责成其加强事故处理预案学习，并根据绩效规定予以绩效考核。

注意事项：

第一，重大电网事故处理预案应全面，宁可备而不用，不可用而无备。不应局限于本级电网，上级电网事故异常对本级电网造成负面影响的，也应制定相应的预案。

第二，预案完善工作应先于设备投运、运行方式调整等完成并及时更新，确保随时可用。

二、指导重大电网事故异常处理

电网事故异常处理具有实时性强、不可回溯的特点，调度班组长指导当值调度员进行重大电网事故异常处理，防止因调度责任而发生人身伤亡、设备损坏、稳定破坏、电网瓦解和大面积停电事故或事故扩大等情况。

（一）重大电网事故异常处理现场监督指导

重大电网事故异常发生后，尽快到达调度大厅监督、指导调度员根据有关法律、规程规定，贯彻"安全第一、预防为主、综合治理"的安全生产方针，按照事故异常处理的原则和要求，正确处理事故异常，及时纠正错误，提醒补充遗漏，提出优化处置建议。

统筹协调相关专业技术支撑，主动向设备运检部门了解设备故障处理方案，及时传达至当值调度员，以便提前安排运行方式、下达风险预控措施、准备调度操作命令票、通知运维人员操作、重大事项汇报等，提升电网事故处理的效率和质量。

（二）定期审查值班记录

通过定期审查 OMS 值班日志、调度电话录音等记录，发现班组在事故处理过程中存在的问题或瑕疵，及时班组内部通报整改，必要时予以绩效考核。尤其对新提职或经验不够丰富的调度员独立进行的事故异常处理，加强审查和技术指导，确保事故异常处理正确、及时。

注意事项：

第一，在实际事故处理过程中，发现事故处理预案不适用或不完善部分，应及时反馈，组织修编、审批。

第二，应避免"以管代教"，即使调度处理出现瑕疵，不宜当场考核，防止影响事故处理过程。

三、组织事故分析

对于有重大影响、有代表性或调度处理不当或有瑕疵的事故异常，组织班组事故分析会，进行全面的事故分析讨论。班组长积极推进调度员主动进行事故分析，有助于班组增强安全意识，拓宽知识面，提高风险隐患的预判和控制能力，提升事故异常应急处置能力。

（一）准备材料

安排主要处理该事故异常的当事调度员准备事故相关材料，主要包括相关规程规定、设备运检部门的事故分析报告、值班日志等。

（二）组织班组事故分析会

由当事调度员通报、讲解事故处理过程，然后采取班组全员轮流发言、集中讨论的形式，进行全面的复盘，分析班组规定的流程和要求、事故处理当事调度员个人以及事故处理相关各部门、各专业和电力用户在事故处理流程中存在的瑕疵或可以优化改善的细节。在复盘分析基础上，交流讨论调度处置方案优缺点、注意事项等，形成决议，供班组技术培训时重点学习掌握。

（三）查缺补漏，提出优化提升要求

对于个人疏忽大意导致处理不当或瑕疵的情况，提出事故处理优化建议，责成其个人检讨，端正工作态度，加强安全学习，增强安全意识，必要时调岗处理。

对于班组规定的流程不顺畅或要求不合理的情况，及时整改，优化流程规定，进一步完善班组事故异常处理流程和要求。

对于事故异常处理中暴露出来的班组技术短板，结合培训工作，组织专项技术学习或邀请公司、部门专家进行技术培训。

对于事故异常处理过程中调度专业无法解决的难点、痛点，提出整改建议，汇报上级领导协调解决。

（四）总结评价

对班组进行事故异常处理的步骤流程、操作规范性、重大事项汇报等方面进行综合评价，总结经验教训，实施绩效奖惩。

注意事项：班组内部交流讨论，每次议题应有统一结论，决议应规范化、实用化，方便落实执行，避免议而不决。

四、形成分析报告

必要时，在班组事故分析会交流讨论的结果基础上，安排人员编制调度专业事故分析报告，班组长亲自审核完善，经部门领导认可后，用于公司层面的事故分析。

（一）情况综述

简要说明事故异常及主要影响。

（二）相关运行方式

跳闸前的运行方式，必要时附上相关区域电网潮流图或一次接线图，以及相关说明（如相关检修计划等、所带重要用户等情况说明）。

（三）事故异常的调度处理过程

按照时间顺序，简述调度处理事故经过。

（四）原因分析及建议或措施

针对暴露出来的问题，分析原因，逐条提出专业建议，打通业务流程不顺畅环节，建设完善电网，加强用户沟通，解决电网事故异常处置过程中的痛点、难点，促进调控中心、公司各部门电网事故处理效率和质量的全面提升，促进电网安全稳定运行和高质量发展。

注意事项：

第一，班组或部门内部瑕疵对于事故异常处理无重大影响的，不是必须体现在事故分析报告上。

第二，对于因特殊原因，确实无法达成的建议，也应采取针对性措施予以避免或降低其负面影响，必要时修编事故处理预案，体现其重要性。

五、管理案例

【案例 8-4】重大电网事故处理预案不完善。

（一）背景描述

某 500 千伏联变 A 相变压器在线油色谱分析结果异常，经复核判定不能坚持运行，需停电转检修检查处理，220 千伏电网供电能力大幅削弱，产生新的 220 千伏稳定断面要求，需严格控制区域内用电负荷满足断面要求，对系统薄弱环节采取相应的风险预控措施，确保 220 千伏主电网安全稳定运行。得到省调通知后，当值调度员须紧急进行电网分析和预控措施制定与执行，为防止慌乱中出现意外，寻求班组长帮助。在班组长协调方式专业技术支撑和监督指导下，得以妥善处理。其中，500 千伏主变压器调度权归网调，220 千伏电网调度权归省调，均非本级调度范围。

（二）存在问题

电网运行方式变动，相应的电网事故处理预案未及时编制完善，无法引导事故异常处理。

（三）问题分析

在此之前，该地区 220 千伏电网分为两个独立片区，涉及该 500 千伏、220 千伏出线变为开断线路。上级电网运行方式发生变化，电网事故处理预案未随之完善，无相关预案导致当值调度员不得已去打无准备之战，依赖自身技术和电网掌控能力进行事故异常处理，未经班组及部门级审核把关，增加了调度班组安全生产风险，不利于电网稳定安全运行。

（四）改进措施和方法

协助方式专业及时研究分析电网薄弱点，发掘编制相关预案的必要性。组织班组及时编制重大电网事故处理预案，完成预案的"编审批"流程，并组织学习及反事故演练。

（五）结果评析

对本级电网产生负面影响的上级电网事故异常或运行方式变动，也应提前完善重大电网事故处理预案，确保有备无患，确保调度员在事故异常发生的第一时间做出及时响应和正确处置，提高班组事故异常处置能力。

【模块小节】

电网事故异常处理极考验调度班组技术水平和电网掌控能力，班组长通过事前紧抓预案储备、事中加强监督指导、事后分析提高"三维一体"管理措施，提高班组事故异常处理水平。同时，编制事故分析报告，在公司、部门层面提出电网事故异常处理的合理化调度专业建议，促进电网事故异常处理过程中班组外部因素效率和质量的全面提升，达到提高班组安全生产水平的目标。

管理小妙招：组织收集、整理典型或有代表性的事故异常处理案例，编制《典型事故异常处理汇编》并持续增补，结合班组安全培训和技术培训，开展班组内部学习，将事故异常处理的经验教训传承下去，让经验不丰富的调度员快速晋升"老师傅"，持续提高班组电网事故异常处理水平。

【思考与练习】

1. 电网日益庞大复杂，如何系统性提高调度员处理异常事故的能力？

2. 如何处理限电不拉闸与事故异常处理快速及时性之间的矛盾？

3. 调度结构性缺员、承载力不足成为常态，极端恶劣天气情况下事故多发频发，如何保证事故处理的及时性和正确性？

4. 哪些科技创新或制度创新能够应用到电网调度事故异常工作中？

第五节　开展春、秋查工作

【小节说明】每年的春、秋季都是电网检修的高峰期，电网操作频繁、方式变化大、安全风险增多，大检查工作是电力生产体系重要的专项安全工作，对于班组规范生产、问题治理、管理提升有很大的促进作用。班组长作为班组生产的第一负责人，应及时明确检查工作内容以及相关指示精神，做好对应的分工工作，全面组织进行问题梳理与总结，确保班组在安全运行以及管理工作上顺利迎检。

【学习目标】明确春、秋检查工作的重点内容、目标；以"专人负责、班内分工、跟踪整治"的总体工作方案制订春、秋检查班组自查项目及分工安排；能够根据分工工作执行情况编写检查自查报告；能够依据电网自查报告内容提出班组管理以及电网运行、建设方面的建议。

开展春、秋查工作具体包括以下四个步骤：

第一，组织调度员进行安全大检查方案学习宣贯。根据上级下发通知文件，结合班组工作内容，组织组内成员进行文件及相关规定学习。

第二，进行班组人员分工，资料整理。依据检查内容及要求，合理进行组内成员工作分工、提前收集整理资料。

第三，开展班组内部自查，问题整改。对分工内容及时进行整理、收集、总结，提前汇总并整改问题。

第四，形成自查验收报告，安排专人负责迎检。在梳理组内工作的基础上，形成符合检查要求的自查验收报告，并安排合适人员负责迎检工作。

一、组织学习检查方案

随着安质部每年春、秋季专项大检查专项工作通知下发，各部门对应重点检查工作明确，班组长应及时掌握公司以及中心要求中本班组所涉及的工作内容。及时开展主题班会，对通知文件指示精神、中心对本次工作的具体要求以及涉及的相关规定进行宣贯与学习，班组成员做到自我对照检查。

注意事项：班会中针对班组成员结合自身以及工作中发现的问题，应做好记录，并对照相关规定形成统一、规范的班组执行方案，并在后续检查中及时内部整改。

二、进行班组人员分工

在组织班组成员开展主题班会的同时，应明确组内人员的具体分工以及工作完成日期。春、秋查的检查内容主要涉及以下几个方面：

（1）工作票、操作票执行情况，调控运行日志、交接班记录的完整以及规范性检查；

（2）电网重大检修方式专项故障处置预案编制情况；

（3）反事故演习方案以及学习总结；

（4）备用调度建设、管理及无脚本演练情况；

（5）批量控制常态演练机制建立、落实情况；

（6）检查重大活动保电筹备及保电要求落实情况。

注意事项： 在制订人员分工时应充分考虑每项工作的工作量以及人员特点，做到分工合理；应充分结合近期生产任务，提前谋划，保证分工人员在规定期限内的有效工作时间。

三、开展班组内部自查

制订分工以及完成期限后，各分工人员根据各自时间安排及时进行相应资料的收集以及问题的统计，专项负责人负责督促进度并对各分项问题进行汇总。对于个别且有对应执行规定的问题进行实时发布与整改；对于统一性问题且无明确处理方案的应借助主题班会时间，讨论形成处理意见，制定后续班组管理规范。

注意事项： 内部自查应注重检查内容的全面性，确保无缺项、漏项内容发生。

四、形成自查验收报告

在完成内部自查的同时注意问题的收集，形成自查报告。自查报告应包括有本次检查中发现的集中问题以及处理情况，涉及调度运行、管理两个方面，在覆盖检查内容的基础上可以发掘电网运行以及调度管理方面的安全问题，对于本班组无法解决的问题应上报中心协调相关专业配合处理。

安排专人负责迎检既有迎检过程中答疑、也有迎检中问题收集。对于迎检中发现的问题要及时传达到班组并及时整改。

注意事项： 自查报告应经过班组讨论，统一出口内容；迎检涉及其他专业人员参与，迎检负责人应充分考虑人员安排在技能以及沟通方面的合理性。

五、管理案例

【案例 8-5】快速完成秋查自查、无问题迎检。

（一）背景描述

某地调班注重春、秋查项目班内回顾与治理，顺利完成年度秋查工作，实现无问题迎检。

（二）优势提炼

重点在平时资料搜集整理，定期回顾电网异常方式及缺陷，在秋查时无重要资料缺失、快速掌握电网特点。

（三）主要做法

将秋查重点、常规性项目分解到日、周、月度管理，并分配专人负责、增加回顾频率，进行资料规整、班组自查整改；将电网特殊点作为一项重点工作，滚动更新，实时把握电网安全问题。

（四）结果评析

因建立完善的交接班制度，将春、秋查项目内容融入交接班制度中，确保日记录完善，进一步保障年度资料完善；因分配有专人负责预案、两票管理，保证过往两票执行充分满足要求；因建立合理奖惩制度，对于日常工作发生的个人问题进行及时惩处，保证规范性，减少春、秋查问题量、工作量。

【模块小节】

春、秋查工作作为一次重要的安全提升契机，班组应积极把握，确保在工作顺利开展的同时，显著提升班组的运行管理。春、秋查工作涉及调度每日的工作以及管理内容，针对调度倒班工作模式，形成班内的统一与规范化管理规定是开展春、秋查工作的重要目的以及根本保障、也是真正保证班组在每值交替、人员流动过程中站好安全岗的关键。

管理小妙招：

第一，班组安排专人负责两票、记录的管理，制定班组内的月度自查、考核制度，确保必查资料的月月合格。

第二，建立电网特殊点库，并及时跟踪消除，动态掌握电网运行基本情况与即时风险情况。

【思考与练习】

1. 针对春、秋查的固定项目，班组长如何制定班组管理规定将集中检查分解为日、周、月度检查？

2. 作为班组长，如何确保合理分工，保证正常生产与重点工作平衡？

3. 作为班组长，思考本班组在调度管理安全、电网安全上有什么隐患？

第六节 开展迎峰度夏、冬工作

【小节说明】每年入夏、入冬以后，电网负荷会逐渐达到高峰，为保证度夏、度冬期间电网平稳运行，电力可靠供应，需要班组长组织班组在大负荷来临前开展电网状态核查、大型事故预案编写、风险管控等一系列工作。在度夏、度冬结束后，班组长要充分组织班组成员总结大负荷运行经验，发掘电网运行隐患，提出优化以及改进意见，确保下一轮负荷高峰下电网的安全稳定运行。

【学习目标】班组长在大负荷前结合上级文件、省网状态分析，充分掌握当前电网运行情况以及供电形势，能够确保宣贯到位；能够组织班组成员完成迎峰度夏预案、迎峰度冬预案编写及演练，具体包括大型反事故演练、有序用电等相关内容；结合度夏、度冬经历，制定有效管理手段，及时总结电网运行隐患。

开展迎峰度夏、迎峰度冬工作具体包括以下四个步骤：

第一，负责组织调度员进行资料学习宣贯。主要包括电网状态核查、大型事故预案编写、有序用电、批量拉闸、防汛预案等迎峰资料的学习。

第二，班组人员分工，完善细化措施及预案。根据迎峰期间需要准备的资料，结合班组实际情况，合理进行人员分工，确保大负荷前完成资料的准备工作。

第三，组织开展调度运行专业综合反事故演练。结合大型事故预案、防汛预案，参与省市联合反事故演练，组织市县综合反事故演练。

第四，完成调度运行专业度夏、度冬总结报告，提出专业建议。结合度夏、度冬实际情况，及时记录并汇总度夏隐患，提出专业建议。

一、进行资料学习宣贯

每年度夏、度冬前，国家电网有限公司、省电力公司均会强调保供电要求以及当前年度的供电形势分析，班组长在收到相关文件通知后，应第一时间掌握相关文件精神，确定班组准备资料的需求及要求，及时召开主题班会，做好班组内宣贯准备。

注意事项： 每年供电形势、要求不同，对应的材料准备也不尽相同，班组长应准确把握不同点、重点，保证大负荷前相关资料完整齐备。

二、完善细化措施及预案

召开主题班会，应重点完成相关任务分工，主要涉及电网状态核查、各项材料准备、度夏预案编制等内容，为确保进度跟进，可以采取专人负责，组内分工的模式。涉及的资料以及预案编制主要包括以下五个方面。

（一）郑州地区大负荷前电网状态核查

充分发挥调度指挥官的作用，安排专人负责地区省、市、县电网状态核查，初步掌握当前电网缺陷、隐患、非正常方式，以及度夏、度冬前关键站点、线路等运行情况，必要时可借助负荷低谷期间及时处理。

（二）完善有序用电方案

结合保供电要求、发展改革委批复的拉闸、重要用户文件资料。梳理当前年度有序用电方案，做到一区一案、一站一案、一线一案，为后续使用提供便利。

（三）维护批量拉闸系统

根据批量拉闸方案以及方案要求，与系统对照验收，确保系统方案及时性、有效性。

（四）编制防汛预案

大负荷一般存在与恶劣天气叠加发生的情况，尤其是度夏期间强对流以及暴雨天气，极大考验电网坚强性以及方式的可靠性。依据上年度经验以及本年度天气分析，制定可靠的防汛预案是确保电网应急的可靠保证。

（五）编制大型事故度夏、度冬预案

大负荷条件下，电网对事故的承受能力以及调度人员对事故的处理能力均是电网度夏、度冬的重要保障。事故预案要应题、如实、充分，确保后续演习的真实性以及实际中的可参考性。

注意事项： 在制订人员分工时应充分考虑每项工作的能力要求，既要保证工作有人，又要保证有效。班组长应负责协调总体工作进度，尤其是提前考虑预案的学习以及演练工作准备。

三、开展综合反事故演练

反事故演练能够帮助检查调度运行人员的事故处理能力、检验预案编制的合理性以及可执行性。在各项预案准备完善后，班组长应及时组织审核并按要求参与或组织反事故演习。在演习结束后，应及时总结、及时调整预案，对发现的问题立即整改。班组长应重点把握以下流程：

（1）确定参演单位及人员，保证相关设备到位，必要时设备指挥及导演；

（2）安排主演组根据预案提前制定演习方案；

（3）制定演练评价标准；

（4）组织备演组及时整理演习报告。

注意事项： 班组长安排演练时间要充分考虑日常工作实际，避开工作繁忙时段，演练人员应与值班人员分开，确保不影响正常调控运行，严防假戏真做。演练中设备尤其是电话应设置专用电话，且与正常通信保持隔离。演练过程中出现异常事故，应立即中止演练，协助当班人员进行事故处理。

四、完成总结报告

度夏、度冬大负荷时段既是对电网设备的考验、亦是对调度运行水平、管理水平的检验。班组长应制定合理的异常运行记录管理方案，做好组内交接，既要确保大负荷期间各项资料不遗漏，又要保证事后总结有理有据。迎峰总结应包括异常、事故处理情况、设备缺陷情况，重要方式情况以及与上下级、各部门的协

同情况。

注意事项： 总结报告应结合本专业实际，重点挖掘设备运行普遍问题；在班组内无法解决的问题应该重点提出，疏通工作脉络。

【模块小节】

每年的迎峰度夏、迎峰度冬期间均是年度大负荷出现时段，电网建设的效果、电网运行的承受能力，调度运行的管理与处置水平均经受巨大考验。调度班组作为调度运行的指挥者，各项资料的齐备、各项措施的全面性是调度工作正常开展，电网运行安全的重要保障。迎峰工作准备的充足性、各项措施组织的有效性是检验班组长的重要标准。

【思考与练习】

1. 对反事故预案的编制应考虑哪些方面内容？

2. 作为班组长，思考大负荷期间调度运行的管理上有哪些不足？

3. 面对日益趋紧的保供形势，调度班组应作出哪些调整来应对？

第七节　执行保电工作

【小节说明】 保电工作是调度运行日常工作中的一项，完善工作流程及机制，正确、合理地组织成员开展保电工作，是保障保电任务顺利完成的重点。班组长合理分配人员，总结经验教训，发现部门流程或机制存在问题后及时提出，才能使班组成员明确职责任务，消除事故风险，圆满完成保电工作。

【学习目标】 根据《河南电网调度控制管理规程》规定，积极组织调度员保电方案的学习宣贯，合理人员配置，完善细化方案，保障保电工作任务的顺利圆满完成。

执行保电工作具体包括以下四个步骤：

第一，组织调度员进行资料学习宣贯；

第二，合理调配班组人员，完善值班、备班机制；

第三，完善调度运行专业保电预案；

第四，组织开展调度运行专业反事故演练。

一、组织资料学习宣贯

接到保电任务后，要统筹考虑班组人员时间，组织调度员对保电通知单、保电方案等资料进行学习、宣贯，掌握保电等级、保电时间、供电线路、专业职责等相关信息。二级保电通知单示例见表 8-1。

表 8-1　二级保电通知单示例

编号			× 供保 20×× ［二］ 第 ×× 号		
保障单位	1.xxxx 2.xxxxx	供电线路	1.xxxx：×× 板、×× 板、×× 板 2.xxxxx：×× 板、××× 板		
用电地址	1.xx 路 17 号 2.xx 路 1 号	联系人	××× ×××	电话	×××××××××× ×××××××××××
保电时间	×× 月 xx 日：9:30—13:00				
主要事由	×××、××× 召开重要会议，须做好供电保障工作。				
调度专业职责	1. 请电力调度、生产调度在上述时间不安排检修和拉闸限电，同时严控同一线路、同一母线上的设备操作。 2. 调度监控人员注意加强相关线路和变电站的运行监控。				
运检专业职责	1. 请变电运维中心提前对保电变电站（xx、xx、xx、xx）及相关间隔进行巡视及隐患排查，发现缺陷立即处置，并安排人员在保电时段加强巡视。（二级保电 I 级标准） 2. 请变电检修中心对保电变电站开展专业巡视检测，发现异常立即上报。 3. 请电缆运检中心、输电运检中心做好输电线路（××× 线、××× 线、××× 线、××× 线）特巡值守。 4. 请 xx 供电公司派员认真检查有关配电线路、配电设施，消除发现的安全隐患，同时对发现的外破隐患要安排专人看护，并在保电时段安排人员加强巡视。（二级保电 I 级标准）				
营销专业职责	请 xx 供电公司用电检查人员协助场馆方对客户内部的电气设备进行用电安全检查，对查出的不安全因素和隐患，要开具用电检查结果通知书，要求限期整改，并与客户签订《客户电力保障明白书》；同时严格按照《河南省供用电条例》第二十一条和国家电力监管委员《关于加强重要电力用户供电电源及自备应急电源配置监督管理意见的通知》（电监安全〔2008〕43 号）文件精神，要求用电单位自备应急发电机组，并处于良好运行状态，以便在紧急状态下的急用备用。				
制表人	×××	申请单位经办人	×××		
批准人	×××	下达时间	20×× 年 xx 月 xx 日		
相关单位	配网部、营销部、运检部、调控中心、指挥中心、变电运维中心、变电检修中心、电缆运检中心、输电运检中心、×× 供电公司				

注意事项: 小型保电可采取交接班交接学习,大型、重要保电必要时组织专项会议学习宣贯。

二、合理调配班组人员

针对保电等级、规模,根据人员时间及技能水平,合理安排分工,适当调整班组人员、做好值班安排。同时,完善备班机制,做好应急准备。

注意事项: 对于重要或大型的保电,可能在故障时造成调度业务剧增。因此要合理调配人员,提前安排好应急备班人员。需应急时,当值调度员可按照备班机制联系应急备班人员到岗应急。

三、完善调度保电预案

结合班组人员技能水平和值班时间,安排专人(根据保电等级、规模,人数可调)编制、完善调度运行专业保电预案。

注意事项: 可在 D5000 系统保电设备置保电牌;重要或大型保电可设置专项监视画面,或设置保电设备潮流图,加强对保电相关电网的监视,提高处置效率。

四、开展反事故演练

在调度运行专业保电预案完善后,须组织班组人员开展专项反事故演练,检验预案、加强宣贯落实。

注意事项: 预案编制完善后,关键在于宣贯落实。通过开展专项反事故演练,既可检验预案的实用性和可操作性,又能加强班组人员对其掌握,对可能发生的故障做好应急准备。

五、管理案例

【案例 8-6】临时保电任务工作流程。

(一)背景描述

某日晚间,当值调度员接到临时保电通知,按照正常流程通知相关人员并做好记录。第二天,接班人员发现保电有计划工作。

（二）存在问题

对于非正常流程接到的保电任务，可能存在其他专业（如计划专业）审核缺失的情况，造成保电专业职责不到位。

（三）问题分析

正常的保电工作流程，有计划、方式、调度运行等多个专业会审，可保障各专业符合保电要求；临时通知的保电任务，其他专业会审程序缺失，导致部分要求不达标，对保电工作顺利进行造成不利影响。

（四）改进措施和方法

在交接班学习宣贯环节，对流程缺失部分查漏补缺，或要求其他专业补充审核，消除漏洞。同时，要求部门对于临时保电流程进行完善，消除其他专业审核缺失造成的影响。

（五）结果评析

本案例是在学习宣贯环节发现问题，解决措施，一是消除本项保电不利影响，二是从制度上提出问题和建议，从根本上解决本类问题。

【模块小节】

（1）根据保电规模采取不同形式做好全员宣贯，查漏补缺；

（2）做好保电值班及以应急人员安排，有备无患；

（3）组织做好调度运行专业保电预案，采取多种形式做好保电支撑；

（4）组织反事故演练，验证预案正确性和可执行性，并加强对预案的掌握。

【思考与练习】

1.组织学习、宣贯阶段重点关注哪些内容？

2.备班应急人员需考虑哪些情况？

3.有哪些支撑手段有利于保电设备的监视和事故异常处理？

第八节　开展下级调度专业化管理

【小节说明】开展下级调度专业化管理是国调、省调关于地县同质化管理的重点工作要求，是做实县配调、推动县电网调控机构规范化、精益化的重要手段，班组长作为第一责任人，其工作开展的扎实程度，直接体现了地区电网管理指标的优劣。

【学习目标】根据《中华人民共和国电力法》《电网调度管理条例》《国家电网调度控制管理规程》《河南电网调度控制管理规程》等法律法规和规程规定，强化专业管理，规范下级调度行为，定期开展培训考试及考核，提升调度运行专业的规范化、标准化。

开展下级调度专业化管理具体包括以下三个步骤：

第一，建立标准制度体系；

第二，建立培训考试体系；

第三，建立评价考核体系。

一、建立标准制度体系

通过制定地区调度运行专业工作标准、制度体系，来规范约束下级调度行为，使调度生产过程中各类问题能够按步骤、有条理、按程序处理，各级风险有效掌控，提高下级调度管理精细化，提升调度整体安全管理水平。工作的开展可从以下四个方面着手：

（1）归纳总结专业内部重点工作；

（2）厘清市县协调工作职责界面；

（3）制定《调度运行专业化管理细则》；

（4）制定《地县调同质化管理实施方案》。

注意事项：《郑州电网调度控制管理规程》中详细规定了调度工作内容及标准，其中涵盖调度运行专业"调度操作""事故处理""计划执行""两票管理制度""值班制度""交接班制度""资料存放制度"等内容，需熟悉掌握相关内容要求，并加以提炼萃取，作为制定调度运行专业作业指导书或标准化管理细则的依据。

二、建立培训考试体系

制定下级调度部门专业培训方案，确保培训工作顺利开展，通过对下级调度部门进行专业技能培训，提升县公司调度员安全技能水平，提高电网安全调度能力，为推动实现市县调控同质化管理奠定技术基础。工作的开展可从以下三个方面着手：

（1）掌握县公司调度业务范围；

（2）了解县公司专业管理现状；

（3）指定培训方案针对性实施培训、考试。

注意事项：根据《郑州电网调度控制管理规程》中规定的地县调度管辖范围及各级调度工作内容，通过调研、了解县公司对相关内容执行情况，针对薄弱环节，制定培训方案，通过考试检验培训质量。

三、建立评价考核体系

定期组织对县级调度机构以"自查、互查"相结合的形式，进行"回头看"工作，针对管理痛点、难点、薄弱环节建立周期性评价、考核机制，促使下级调度业务能力不退化。工作的开展可从以下三个方面着手：

（1）实施"回头看"工作总结管理薄弱环节；

（2）针对管理薄弱环节及关键环节制定县公司《考核评价重点指标》并进行实时考核；

（3）召开月度分析会进行总结、通报。

注意事项：《郑州电网调度控制管理规程》《同质化管理方案》《调度运行专业管理细则》《考核评价重点指标》中规定了县级调度部门各项工作内容及标准，结合相关规定，以考核、通报的形式督促下级调度及时整改相关管理中存在的问题，实现管理提升。

四、管理案例

【案例8-7】县级调度员事故处理效率。

（一）背景描述

某日，某县调所辖设备在固有单线供电方式下，电源线路在恶劣天气下发生跳闸（过电流 I 段），跳闸致使 35 千伏某全部失电压，且配网负荷无外倒手段。当值调度员在等到站内巡视无异常后，投入备用电源线路，导致该站失电压时间过长，引起用户投诉。

（二）存在问题

当值调度员未考虑对线路进行试送电，导致失电时间过长。

（三）问题分析

未对跳闸事件原因及影响进行综合考量（如保护及自动装置动作信息、具体天气状况、事故所造成的影响等），造成调度员事故处理时过于保守，延长了送电时间。

（四）改进措施和方法

继续加强县级调度员业务技能培训；梳理固有单电源运行方式的电网设备，针对性制定快速送电措施。

（五）结果评析

事故处理是调度工作中一项关键内容，事故处理的效率直接影响公司经济效益及形象，在市县同质化管理背景下，作为专业同质化管理第一责任人，如何指导下级调度提高事故处理效率，已成为关键课题。

《郑州电网调度控制管理规程》对各类故障的处理流程及原则进行了描述，结合县调设备实际情况，并组织人员制定更加翔实的、具有针对性的应对方案并进行培训宣贯，可大幅提高调度员该类故障的处置效率。

【模块小节】

开展下级调度专业化管理是个系统性的工作，涵盖了制度标准的制定、培训的实施、评价考核机制的建立等，工作开展的组织模式决定了每项工作的质量及效率。

【经验分享】

开展培训时，可依托线上和线下模式，线上着重宣讲，线下着重实操和讨论；例行调研检查时，可采取"值长 – 县调"固定"包干帮扶"模式，即相应值长直接对相应县调各项工作质量负责，提高工作主动性。

【思考与练习】

1. 对下级调度怎样制定考核指标？

2. 进行现场调研时有哪些注意事项？

3. 疫情等特殊时期，培训考试怎样组织实施？

第 九 章
管理变电业务

第一节　组织新改扩建验收

【小节说明】组织新改扩建验收人员根据各类验收规范，有效保证新改扩建验收中各个环节不遗漏，实现设备可靠投运。班组长组织新改扩建验收工作内容包括验收工作分工、审查验收准备工作、组织验收现场勘查、参与工程项目验收、协调各专业处理现场问题以及图纸、资料管理。通过对验收质量及进度的跟踪管理，督促班员深度投入验收工作，实现设备可靠投入运行。

【学习目标】熟知根据各类验收管理规定，确保新改扩建验收各个环节不遗漏，实现设备可靠投运。

组织新改扩建验收具体包括以下四个步骤：

第一，安排人员分工。统筹班组成员时间及技能水平，合理安排人员分工，保证验收工作顺利推进。

第二，验收前准备。梳理验收工作内容编制验收方案，并对基础资料进行预验收，资料齐全后展开现场勘查，勘查施工进度是否具备验收条件，为后期进站验收做充分的准备。

第三，参与工程验收。整合梳理每日验收发现的问题并督促整改；最终形成验收结论，完成验收工作。

第四，图纸资料管理。图纸资料的管理在投运后的设备缺陷处理、设备定期校验、设备更换改造等工作中起着十分重要的作用。基础资料管理不善，后期各项运维工作开展必然困难重重。验收阶段应重视基础资料管理，为后期设备运维筑牢基础。

一、安排人员分工

安排人员分工是班组工作开展的基础，明确的分工就是要实现目标一致、消除内耗、形成合力。组织中的任何活动都需要人去完成，所以，人是管理中最重要的因素。

（一）基于对员工的充分了解安排适合的人做适合的事

验收工作类型主要包括新建项目验收、扩建项目验收、技改大修项目验收，按照不同专业又分为运维专业验收、一次设备验收、二次设备验收。

了解班组成员的基本情况及技能水平，基本情况包括年龄层、身体状况、精神面貌等，技能水平包括工作经历、知识储备、技能等级等。

（二）讲清楚任务的关键信息

验收项目、验收内容、专业间验收范围界定、各专业验收关键点、时间要求、可使用的资源、验收标准等。

班组长作为上传下达的重要角色，接到验收工作任务后要将关键信息记录并传达。

（三）过程中做好各方面协调工作

二、验收前期准备

验收前的准备工作是进入工作现场开展验收工作的前提，做好验收前准备工作有助于验收的有序开展，保证验收质量，提高验收效率。主要包括验收大纲及方案编制、图纸资料审查和组织验收前现场勘查。

（一）验收大纲及方案编制

根据规模理清工作量（验收项目、验收内容、验收关键点、验收危险点分析、风险预控交底）编制验收大纲。

（二）图纸资料审查

包括满足投产需求的所有资料，设备安装、试验数据应满足相关规范要求。

（三）组织现场勘查

现场施工进度是否具备规程规定的验收条件，提出勘查发现的问题。

三、参与工程验收

参与工程验收是根据行业标准，对工程建设质量和成果进行评定的过程，是工程项目安装调试完毕后进行的验收，是全面考核建设工作，检查工程是否符合设计要求和工程质量的重要环节。

（一）现场验收安全做好防控

新建验收中注意现场施工调试人身安全的防控、改扩建验收中注意现场电网安全的防控。

（二）对安装和工艺验收，并对验收质量负责

按各类验收规范中要求对施工质量进行把关；在具备验收条件后，依据验收标准和验收计划安排所辖设备验收工作；依据验收标准及验收方案填写验收记录。

（三）对验收进度把控

按照每日验收情况及时调整计划。

（四）协调各专业处理现场问题

应急问题的处理；验收问题的整改闭环管理。

四、图纸资料管理

图纸资料管理是设备投运后运行维护的基础，具有重要的使用价值，在现今超速发展的数字化时代，传统的图纸档案资料保存仍将作为一种重要的储存方式持续下去。

（一）根据需归档资料清单收集验收资料

根据《国家电网有限公司十八项重点反事故措施》的规定，基建单位应至少提供以下资料：一次设备实测参数；通道设备（包括接口设备、高频电缆、阻波器、结合滤波器、耦合电容器等）的参数和试验数据、通道时延等；电流、电压互感器的试验数据（如变比、伏安特性、极性、直流电阻及10%误差计算等）；保护装置及相关二次交、直流和信号回路的绝缘电阻的实测数据；气体继电器试验报告；全部保护纸质及电子版竣工图纸（含设计变更）、保护装置及自动化监控系统使用及技术说明书、智能站配置文件和资料性文件［包括智能电子设备能力描述（ICD）文件、配置描述（SCD）文件、已配置的智能电子设备描述（CID）文件、回路实例配置（CCD）文件、虚拟局域网（VLAN）划分表、虚端子配置表、竣工图纸和调试报告等］、保护调试报告、二次回路（含光纤回路）检测报告以及调控机构整定计算所必需的其他资料。

（二）做好资料移交手续

第一，看合同要求，规范的合同应注明相关的移交手续和方法方式，根据合同完成移交。

第二，一般合同不会太详细，应根据工程竣工日期，在竣工日期之后的1~3个月之间完成移交，主要看合同或者施工方同甲方的约定。

第三，如果按照一般的操作流程或防范手段，对施工单位比较有利的是等工程款结清后移交工程档案，但要看甲方是否会以没有资料为由不结工程款。

第四，正式的移交步骤应该是先在竣工后整理相关资料，找各相关方盖章，编整组档，向工程建管方移交竣工档案和图纸，拿到相关的移交记录后，凭移交记录和竣工结算的资料进行自己施工单位的归档。

（三）安排班组资料管理人员将资料分类、整理、建册、归档

对施工图（施工变更图）进行审核，收取竣工图并归档；验收移交的各类报告（出厂报告、调试报告、说明书等）归档；两票、保护方案、工作记录等资料整理、归档。

【模块小节】

经过本小节的学习组织新改扩建的验收，能够结合各项技术规范要求、班组人员实际情况、工程情况，制定可实施落地的验收方案，将项目验收做到精细化管理。

【思考与练习】

1.组织新改扩建验收的工作流程是什么？

2.组织新改扩建验收的注意事项有哪些？

第二节　开展专业化巡视

【小节说明】 开展专业化巡视是根据变电运检五项通用制度管理规定，完成所辖设备巡视工作，及时发现、汇报并登记设备隐患，摸清设备健康状况的一种有效机制。班组长具体管理工作内容包括制订巡视维护周期；安排人员分工、工作前准备；审查巡视完成情况；录入并审查缺陷隐患管理系统。班组长积极推进专业化巡视，才能使班组成员明确巡视目标，彻底摸清设备健康状况。

【学习目标】 根据《变电运检五项通用制度》的规定，完成所辖设备巡视工作，及时发现、汇报并登记设备隐患，摸清设备健康状况。

开展专业化巡视具体包括以下五个步骤：

第一，制订专业化巡视计划。随着电力系统的完善，设备数量和种类逐渐提升，对设备运维也提出更高要求，确保巡视质量与效率，须根据不同情况制订专业化巡视计划。

第二，安排人员分工。根据制订的专业化巡视计划，统筹班组力量，合理安排巡视。

第三，工作前准备。对于巡查方案、日志、工作细则、工作总结等都要准备全面。避免出现盲目的行为，要具有针对性地做好巡视检查工作。

第四，专业化巡视工作的实施。对一次、二次设备检查。

第五，专业化巡视工作终结。

一、制订巡视计划

（1）统筹安排确定每年度（季度）专业化巡视设备范围、周期、工作重点内容；

（2）根据设备状况和运行条件及时调整专业化巡视计划；

（3）目标设定所用工具表。

二、安排人员分工

（1）基于对员工的充分了解安排专业化巡视人员工作；

（2）讲清楚专业化巡视任务的关键信息；

（3）过程中做好各方面协调、服务工作。

三、工作前期准备

（1）安排专业化巡视仪器仪表检查准备；

（2）对专业化巡视人员进行危险点及防控措施交底，可根据需求适当开展应急预案及演练；

（3）安排巡视记录、巡视资料准备。

四、巡视工作实施

（1）按工作计划开展专业化巡视工作；

（2）定期审查巡视完成情况；

（3）及时上报巡视中发现的问题，并监督巡视人员完成缺陷隐患管理系统录入情况，及时发现、汇报并登记设备隐患，摸清设备健康状况；

（4）根据缺陷分类管理要求及缺陷隐患等级，协调各专业及时解决巡视中发现的问题。

五、巡视工作终结

（1）安排人员将专业化巡视记录、带电检测记录、缺陷状况台账等资料整理归档；

（2）安排人员做好 PMS 系统录入工作；

（3）总结专业化巡视工作，合理安排下一个专业化巡视计划；

（4）依据巡视结果完善设备突发缺陷及故障处置应急预案制定情况。

六、管理案例

【案例 9-1】工作票签发流程管控。

(一)背景描述

工作票是检修(施工)作业时,落实安全技术措施、组织措施及有关人员安全责任,进行检修作业的书面依据,是保证检修作业过程中人身安全和设备安全的重要手段。在工作票执行过程中,往往存在各种问题,这些问题容易引发人身伤害和设备损坏事件。因此我们要加强工作票管理工作,通过工作票签发流程管控,提高工作票合格率。

(二)存在问题

针对安监部执规检查中或自查自纠中发现的不合格工作票存在问题,主要有以下几种:

(1)工作票现场勘察申请单未按时提交;

(2)工作票现场勘察内容不到位,如路灯寄杆、自备电源、双电源电用户、临近带电线路、交叉跨越带电线路、接地线位置不符合要求等;

(3)工作票填写不完整、不规范,不符合现场检查要求。

(三)解决举措及方法

(1)月停电计划申请:配电网改造综合计划下达后,由技术员梁某负责提供施工图纸、项目编号、项目编码(ERP 号),工作票签发人根据施工图纸高压 T 接点从 GPMS 系统发起待排库布置安全措施分析停电范围,申报月度停电计划。工作票签发人对安全措施有疑问时,生产班班长蔡某负责协调组织现场第一次勘察(主要查看停电范围、工作地段、新增设备线路走廊)。

参加现场勘查人员:工作票签发人、工作负责人、所技术员、维护人员。

(2)月停电计划批准下达(归档):工作票签发人要负责组织联系工作票负责人、责任段人员进行正式现场勘察,主要查看施工作业需要停电的范围、保留的带电部位、装设接地线的位置、寄杆路灯、临近线路、交叉跨越线路,工作票签发人现场必须拍照取证;责任段人员主要负责巡视检查工作地段杆号标示牌,如遇工作时间冲突可自行安排时间巡视检查保证施工前三天现场杆号标示牌清晰完整。勘察完毕后，工作票签发人需提前 11 天通过工单启动"勘察申请单"提交至"运方审核"环节、同时通过工单启动"异动单（高压部分）"提交至"异动建模 / 全网图异动"环节。该项工作进度环节跟踪由分管所长林某负责把关。

参加现场勘查人员：工作票签发人、工作负责人、维护人员。

（3）工作票签发过程注意事项："勘察申请单"必须推送至"调度台执行"环节且关联的"异动单（高压部分）"必须推送至"异动确认 / 接线发布"环节，才能将"配电第一种工作票"提交至"签收（调度）"环节，配调签收后至"许可（调度）"才能打印出工作票。工作票签发人要负责跟踪各个环节时间节点，保证该项工程施工前 3 天办理好工作票打印出来提交所安全员组织审票工作。工作票签发人打印的"勘察申请单"要清晰，现场勘察图比较小时要换大图打印。工作票签发人需提前 3 天将完整的异动单（高、低压部分）通过 OA 发送至全所人员，将涉及负荷改接内部传单传给营销班长。"勘察申请单"电话联系经办人、"异动单（高压部分）"电话联系经办人。该项工作进度环节跟踪由生产班班长负责把关。

（4）工作票审票把关环节：该项工作施工前 2 天由安全员林某负责组织开展，主要检查所开工作票工作内容、接地线位置是否与现场一一对应，安全措施是否正确完善及其他需要补充的安全注意事项。工作票审核后，由生产班班长在票面右上角签字确认。

参加现场审票人员：安全员、工作票签发人、生产班班长、维护人员。

（5）工作票签发管控流程：执行过程中，工作票签发人对施工图有疑问时所技术员要负责到现场指导，各责任人如遇到问题需要协调解决的，上报分管所长林某负责协调处理。

（四）结果评析

通过工作票流程管控，对工作票签发流程要点进行把关、现场图纸资料图实相符、严格执行设备异动管理制度、现场人员认真实施安全技术、组织措施，严禁无票工作、工作负责人做到严格履行职责，工作许可人、工作负责人根据工作票核对现场布置安全措施并根据现场安全需要补充安全措施、严禁在工作中擅自扩大工作任务和工作范围、擅自变更安全等措施，做到"工作票"合格率 100%。

【模块小节】

经过本节的学习，开展专业化巡视时，能够结合设备运行情况、班组人员实际情况，制订可实施落地的专业化巡视计划，推进专业化巡视开展，及时消除设备隐患。

【思考与练习】

1. 如何根据实际班组情况安排巡视工作？

2. 如果巡视工作受人员限制，如何进行协调？

第三节　处理事故异常分析

【小节说明】 事故异常处置的目的是尽快限制事故的发展，消除事故的根源并解除对人身和设备的威胁，用一切可能的方法保持设备继续运行，尽快对已停电的用户恢复供电，最大程度降低故障影响，实现故障快速处理和供电快速恢复。班组长在异常事故发生后，应第一时间开展现场处置，以"安全、有序、协同、高效"为原则，组织处理事故异常，工作内容包括应急预案制定、应急信息接收、应急抢修准备、现场快速鉴定及方案制定、抢修后工作。班组长掌握事故异常处置流程，当事故或异常情况发生时，准确、及时地采取相应措施，提高事故应急处置能力和设备的安全可靠运行。

【学习目标】 确保变电设备发生故障后快速响应，最大程度降低故障影响，实现故障快速处理和供电快速恢复。

处理事故异常包括以下五个步骤：

第一，制定事故异常处置预案。各专业班组结合每日工作计划，在保障计划工作有序开展的基础上，合理安排人员进行值班。

第二，应急抢修准备及方案预制。接收到设备事故、事件消息后，各专业班组长应立即启动应急预案，初步制定应急抢修方案，根据各专业实际情况在中心完成应急抢修前的准备工作。

第三，现场快速鉴定及方案制定。组织人员立即出发赶往现场（市区站点1小时内、县域站点2小时内到达），掌握现场第一手信息，传回至技术组、领导组鉴定，并制定应对方案，便于后援处置力量、物资到场准备。

第四，应急抢修工作开展。严格把控各环节施工进度，确保抢修现场忙而不乱，各项工作高效有序开展。

第五，抢修后工作。结合各专业分析研判结果，深入分析故障原因，总结事故处理经验，如发现事故暴露出的相关家族性缺陷等安全隐患，应及时跟进同类设备状态，并制定相关的闭环管理措施。

一、制定处置预案

各专业班组结合每日工作计划，在保障计划工作有序开展的基础上，合理安排人员进行值班，对本班组当日接到的临时处缺、应急抢修工作进行快速响应，并及时将处理情况向值班人员反馈。当本班组人员无法满足应急抢修工作需要时，应及时汇报，由中心协调其他班组人员开展支援工作。

二、应急抢修准备

接收到设备事故、事件消息后，各专业班组长应立即启动应急预案，进入应急状态，各专业班组长根据现场反馈情况进行判断分析，初步制定应急抢修方案，根据各专业实际情况在中心完成工器具、仪器仪表、备品备件准备后，尽快赶往现场开展抢修工作。

现场工作组组长协同后勤物资负责人依据应急抢修物资台账，对抢修所需的备品备件、各类配件和物料等进行确认，落实备品备件存放位置和状态。

三、现场快速鉴定

高压试验、油化人员、保护试验进一步开展故障设备检查试验，通过油色谱检测、绕组变形试验、常规试验、保护信息读取等，确认故障设备目前状态，是否具备加运条件及设备损坏部件。将现场鉴定结果及时汇报上级，协助完成事故异常处置方案的制定，包括抢修工作步骤、人员投入、大型车辆调用、备品及耗材准备等。

四、开展应急抢修

现场应急抢修遵循"标准化、高效率、保安全"的原则，班组长应按照事故异常处置方案，制订本专业的作业计划，合理安排人员，严格把控各环节施工进度，确保抢修现场忙而不乱，各项工作高效有序开展。

五、抢修后续工作

抢修工作完成后，组织车辆、机具有序撤出，对现场进行清理。结合各专业分析研判结果，立足专业深入分析故障原因，总结异常事故处理经验，如发现事故暴露出的相关家族性缺陷等安全隐患，应及时跟进同类设备状态，并制定相关的闭环管理措施。

六、管理案例

【案例 9-2】建立班组安全电子档案。

（一）背景描述

建立班组安全电子档案，档案应有安全工作电子档案目录（主要包含安全生产目标管理、安全规章制度、安全学习、反违章管理等），班组对每项安全工作记录建立专用电子文件夹，规范电子文档记录格式，电子档案目录与专用电子文件夹一一对应。同时建立班组安全电子档案，对班组安全工作起到全面推进的作用。健全档案，对班组安全整体工作一目了然，做到心中有数，有利于及时完善不健全的规章，收到拾遗补漏的效果。

（二）存在问题

班组是企业的基石，是企业完成各项目标任务的主要承担者和直接执行者。班组是落实企业安全生产最基层的生产组织，只有班组保障了安全，才能保障企业的安全生产，搞好班组的安全管理是实现企业安全目标的关键，只有抓好班组的安全管理，确保人身安全、做到"三个不发生"，杜绝违章，才会有全公司的安全生产。

但是由于本班组具有涉及配电网、电缆等多专业类型的特点，且班组成员老龄化严重，极度缺乏青年员工，人员存在断层现象，传帮带不到位，转岗人员较多，在新岗位的专业知识及技能方面相对薄弱，班组安全建设工作开展较费劲。因此存在了班组安全管理建设不规范，特别是未规范建立、健全班组安全档案，对班组安全整体工作无法做到一目了然。

（三）解决举措及方法

建立班组安全工作电子档案，将对班组安全工作起全面推进的作用。档案应有安全工作电子档案目录（主要包含安全生产目标管理、安全规章制度、安全学习、反违章管理等），班组对每项安全工作记录建立专用电子文件夹，规范电子文档记录格式，电子档案目录与专用电子文件夹一一对应。

（1）职工安全学习的档案。包括职工学习安全知识的内容、参加各项业务培训的知识、安全奖罚、持证上岗、安全责任奖的签订等情况。

（2）建立所辖设备的档案。包括详细的设备台账与设备历史记录、设备的检修周期、"红线"设备等。

（3）建立安全风险库的档案。安全风险（危险点）的管理等于抓住了安全工作的根本，包括管理、设备（装置）、行为、岗位（岗位"红线"）及各项作业的安全风险（危险）点都要完整地记录在案。

（4）安全隐患整改的档案。包括省公司、市公司、班组所有开展的各项安全大检查发现问题及整改情况、线路安全隐患通知书的送达留存与整改情况、重大（重要用户）安全隐患的报送与整改落实情况等。

（5）建立防火防爆的档案。对班组工作（或管辖）区域内的防火防爆器械是否有定点设置、专人保养、定期检查、防火封堵应标明图示和记录，防火防爆器材的定期更换也应记录在案。

（四）结果评析

进一步加强了班组安全建设工作，提高了班组安全标准化及规范化管理水平，明确了安全工作项目、执行周期和记录要求。建立"班组安全电子档案"确保班组安全标准化工作落到实处，推动国家电网有限公司规范化班组建设和安全管理"三抓一提升"活动扎实深入开展。规范建立、健全班组安全电子档案，对班组安全整体工作开展做到一目了然，将对班组安全工作起到全面推进的作用。

【模块小节】

通过本节的学习，能够了解班组在制定事故一次处置预案的步骤、关键的注意事项以及根据预案所需进行的工作流程。

【思考与练习】

1. 事故异常预案的编制需要参考哪些资料?

2. 如何快速鉴定现场并完成事故预案的编制?

第四节　开展春、秋查工作

【小节说明】每年的春、秋季大检查是电力生产体系重要的专项安全工作,对于班组规范生产、问题治理、管理提升有很大的促进作用。作为班组生产的第一负责人,班组长应及时明确检查工作内容以及相关指示精神,做好对应的分工工作,全面组织进行问题梳理与总结,确保检查工作顺利进行、班组安全显著提升。

【学习目标】根据《中华人民共和国电力法》《河南电网调度规程》《河南省电力公司输电专业两票管理规定》《郑州电网调度控制管理规程》以及相关文件规定,全面梳理迎检工作内容,制定"专人负责、班内分工、跟踪整治"的总体工作方案。

开展春、秋查工作具体包括以下四个步骤:

第一,组织调度员进行安全大检查方案学习宣贯;

第二,进行班组成员分工,资料整理;

第三,开展班组内部自查,问题整改;

第四,形成自查验收报告,安排专人负责迎检。

一、组织学习检查方案

组织调度员进行安全大检查方案学习宣贯,随着安质部每年春、秋季专项大检查专项工作通知下发,各部门对应重点检查工作明确,班组长应及时掌握公司以及中心要求中本班组所涉及的工作内容,及时开展主题班会,对通知文件指示精神、中心对本次工作的具体要求以及涉及的相关规定进行宣贯与学习,班组成员做到自我对照检查。

注意事项:班会中,针对班组成员结合自身以及工作中发现的问题,应做好记录,并对照相关规定形成统一、规范的班组执行方案,并在后续检查中及时内部整改。

二、进行班组人员分工

在组织班组成员开展主题班会的同时,应明确组内人员的具体分工以及工作完成日期。春、秋查的检查内容主要涉及以下方面：

（1）工作票、操作票执行情况，调控运行日志、交接班记录的完整以及规范性检查；

（2）电网重大检修方式专项故障处置预案编制情况；

（3）反事故演习方案以及学习总结；

（4）备用调度建设、管理及无脚本演练情况；

（5）批量控制常态演练机制建立、落实情况；

（6）检查重大活动保电筹备及保电要求落实情况。

注意事项： 在制订人员分工时应充分考虑每项工作的工作量以及人员特点，做到分工合理；应充分结合近期生产任务，提前谋划，保证分工人员在规定期限内的有效工作时间。

三、开展班组自查整改

制订分工以及完成期限后，各分工人员根据各自时间安排及时进行相应资料的收集以及问题的统计，专项负责人负责督促进度并对各分项问题进行汇总。对于个别且有对应执行规定的问题进行实时发布与整改；对于统一性问题且无明确处理方案的应借助主题班会时间，讨论形成处理意见，制定后续班组管理规范。

注意事项： 内部自查应注重检查内容的全面性，确保无缺项、漏项内容发生。

四、形成自查验收报告

在完成内部自查的同时注意问题的搜集，形成自查报告。自查报告应包括本次检查中发现的集中问题以及处理情况，涉及调度运行、管理两个方面，在覆盖检查内容的基础上可以发掘电网运行以及调度管理方面的安全问题，对于本班组无法解决的问题应上报中心协调相关专业配合处理。

五、安排专人负责迎检

安排专人负责迎检，既有迎检过程中答疑，也有迎检中问题收集。对于迎检中发现的问题，要及时传达到班组并及时整改。

注意事项： 自查报告应经过班组讨论，统一出口内容；迎检涉及其他专业人员参与，迎检负责人应充分考虑人员安排在技能以及沟通方面的合理性。

【思考与练习】

1.针对春、秋查的固定项目，班组长如何制定班组管理规定将集中检查分解为日、周、月度检查？

2.如何确保合理分工，保证正常生产与重点工作平衡？

3.思考本班组在调度管理安全、电网安全上的隐患？

第五节　开展迎峰度夏、冬工作

【小节说明】班组进入迎峰度夏、迎峰度冬工作后，根据下达的工作方案学习分析供电形势、掌握电网负荷情况及负荷转移措施。在度夏、度冬期间，合理安排各项运维排查工作，及时反馈度夏、度冬工作中的问题。在度夏、度冬结束后进行全方位总结上报。圆满完成迎峰度夏、度冬工作任务。

【学习目标】学习公司制定的迎峰度夏、迎峰度冬工作方案，掌握度夏、度冬工作各环节的关键点及注意事项，圆满完成公司下达的迎峰度夏、迎峰度冬工作任务。

迎峰度夏、迎峰度冬工作管理具体包括以下三个步骤：

第一，供电形势分析。根据上年度公司度夏、度冬形势及负荷情况，预测本年度电网负荷、各区、各断面供电能力及负荷转移措施。

第二，进行迎峰度夏、迎峰度冬工作。严格执行公司制定的迎峰度夏、迎峰度冬工作方案，及时排查并反馈度夏、度冬工作中的问题，保障设备良好的运行状态。

第三，开展迎峰度夏、迎峰度冬总结。进行迎峰度夏、迎峰度冬工作总结，对发现的缺陷、隐患总结上报，督促处理。为下一年的工作做好准备。

一、供电形势分析

（一）负荷预测

负荷预测包括系统负荷预测、分区平衡分析、断面分析、重过载主变压器及线路分析；结合上年度电网的运行情况，预测本年度的负荷情况，了解各个断面预计负荷、存在供电缺口；掌握重过载主变压器及线路情况。

（二）负荷转移措施

根据各个断面的负荷情况、存在的供电缺口情况，综合考虑，合理安排供电负荷转移的措施。最大程度发挥电网的优势，保障设备的良好运行，提供可靠的供电持续性。

注意事项： 日常管理维护的缺失将带来设备的带病运行。

二、进行迎峰度夏、迎峰度冬工作

根据公司制定的迎峰度夏、迎峰度冬工作方案，切实加强安全生产工作，严格作业现场安全管理，结合季节特点做好相关安全工作。精心做好设备运维，全面开展设备排查。加大负荷高峰时期重点设备、重载设备和恶劣天气下的巡视力度。加强消防管理、防小动物管理、防盗防外力破坏管理、车辆管理等。度夏、度冬工作期间发现的问题应及时上报相关管理部门。

注意事项： 问题汇报的及时性可以消除设备的隐患，为及时调整电网负荷分配提供有力支撑。

三、开展迎峰度夏、迎峰度冬总结

迎峰度夏、迎峰度冬工作结束后，班组应做好工作总结。将本次专项工作中发现的各类缺陷、隐患进行汇总上报相关管理部门，督促相关人员进行处理，真正做好闭环管理。为下一年度电网的安全运行打下基础。

注意事项： 漏报排查发现的缺陷、隐患，可能会导致问题进一步发展、扩大。

四、管理案例

【案例 9-3】 主进开关因绝缘问题跳闸。

（一）背景描述

恶劣天气情况下，因 35 千伏某线路发生单相接地，系统冲击导致 351 开关柜触头盒 A 相对地击穿，最终引发母线三相短路 351 开关跳闸。

（二）存在问题

351 开关柜触头盒因制造工艺问题，导致绝缘件局部电场分布不合理，长期运行后造成零部件绝缘性能存在薄弱点。

（三）问题分析

设备制造工艺问题，导致绝缘性能存在薄弱点，恶劣天气下再发生接地时系统冲击，导致设备绝缘薄弱点对地击穿。

（四）改进措施和方法

及时发现家族性缺陷，进行汇总上报，更换设备。

（五）结果评析

当前对于老旧开关柜设备内部零部件运行工况缺乏及时有效的检测手段。由于金属铠装中置柜结构特点所限，断路器触头部位处于开关柜中心位置，外部被绝缘触头盒、金属板材等零部件多层包裹，无法通过常规的红外测温技术从开关柜外部获取设备内部触头运行温度，超声波、暂态地电压等局部放电检测技术对于单纯的发热缺陷也无法有效鉴别，导致开关柜设备内部发热等异常问题缺乏及时有效的检测手段。

【案例 9–4】主进开关因发生问题跳闸。

（一）背景描述

某 103 断路器在长期高温运行，对地击穿，进而引发 A、B、C 三相弧光短路，导致设备跳闸。

（二）存在问题

103 断路器 A 相上触头在运行期间发生过热问题，长期高温运行导致该触头盒绝缘性能劣化严重，最终导致触头盒绝缘失效，对地击穿。

（三）问题分析

设备在高温环境下长期运行，未能及时进行巡视测温，未发现设备温度异常应上报停电处理。

（四）改进措施和方法

对于发热设备、重载设备、重点设备应增加巡视测温频次，发现异常及时上报督促处理。

（五）结果评析

设备在线监测手段覆盖面仍需进一步提升；主进开关柜在线测温装置覆盖不够全面。

【案例 9-5】变压器因低压套管渗漏油临时停电。

（一）背景描述

110 千伏某 2 号主变压器因低压套管渗漏油临时停电进行处缺工作。

（二）存在问题

主变压器伸缩节装设不规范，在高温天气下矩形母线伸缩补偿不到位，导致低压套管受力致密封垫变形漏油。

（三）问题分析

设备安装不规范，导致设备被迫停电处理。

（四）改进措施和方法

规范变压器低压硬质母线伸缩节布置，变压器各侧采用矩形母线、全绝缘管母等硬质母线连接形式时，硬质母线接头与变压器套管间应装设伸缩节，满足高温或寒冷天气下套管端子不得受力的要求。

（五）结果评析

开展低压侧绝缘完善化改造，严格执行反措要求，220千伏及以下主变压器的6~35千伏中（低）压侧引线、户外母线（不含架空软导线形式）及接线端子应绝缘化，对运行超过6年的低压侧绝缘化原则上应进行整体改造。

【模块小节】

迎峰度夏、度冬工作是电力系统根据本行业特点，长期形成的一项业务，是围绕季节转换的特点进行的安全大检查，均处于大负荷前或后，检查的重点是对重负荷的设备是否存在隐患进行全面细致的检查，发现问题，分类分析，为下一个负荷高峰期提供数据依据和设备状况依据，为设备规划和设备检修提供依据，检查有相同又有不同。冬查重点为防汛、防高温、防大负荷、查各种降温装置的运行工况、防止雨水渗漏、防止恶劣天气、防止暴雨内涝；秋查重点为大负荷后的设备工况分析、防风、防冻、防火、防小动物。

【思考与练习】

1.迎峰度夏、度冬工作主要目的是什么？

2.迎峰度夏、度冬工作有什么不同？

3.班组长如何开展迎峰度夏、度冬工作？

第十章
管理输电业务

第一节　开展输电设备保供电工作

【小节说明】保电工作应本着"安全第一，预防为主，常备不懈，全力抢救"的保电方针，结合运维线路区域地理状况和电力设施分布情况，认真贯彻落实各级防范责任，做到组织、思想、措施、物资四落实和责任、措施、工作三个到位。

【学习目标】根据公司保电的相关文件要求，及时合理安排人员及装备进入保电现场。

开展输电设备保供电工作具体包括以下三个步骤：

第一，进行人员及装备管理。

第二，实施各级保电流程管理。

第三，开展内外协调管理。

一、人员及装备管理

保电线路按每2~3基杆塔安排1个人的配置开展24小时不间断动态巡视；保电相关线路的重要区段、重要跨越日开展一次专业巡视，包括红外测温、交叉跨越测量等；保电相关线路的重要跨越、外破高发区加强巡视看护，存在安全风险的区段增设值守点进行不间断值守；应急抢修队伍24小时在岗待命；线路设备运行情况每天上报1次；发现异常和缺陷情况立即上报。

二、实施保电流程管理

班组长在保电前完成所维护的输电线路分工排查，督促成员在巡视期间应认真巡视，及时、准确地发现问题，对缺陷认真分类定性，"缺陷单"上报准确无误。盯防人员对重点保电线路下危险点进行联系，对重要地段安装安全警示牌并加强盯防，按照一患一档的要求仔细记录，处理不了的应说明原因及情况，做好应对措施。

注意事项： 在发生气候剧变（如狂风暴雨）等灾害、过负荷或其他情况后，以及针对线路中的特殊区域、地段组织及时开展特殊专业巡视工作。

三、开展内外协调管理

班组长严格把关，审核签署保电缺陷处理意见。对Ⅰ、Ⅱ类缺陷发现后应用最快速度与部领导取得联系，及时安排处理，对线下树木应抓紧时间联系处理，联系到人。加强相关输电线路通道内施工管控力度，强化现场安全防护，采取人防、技防相结合方式，重点区域、重要（施工）节点要合理设置安全隔离装置。

注意事项： 必要时安全人员现场盯守，安排夜间巡视，坚决杜绝固定施工点外破故障。

四、管理案例

【案例 10-1】高考保电下的班组管理。

（一）背景描述

一年一度的高考即将来临，为保证莘莘学子高考期间的安全可靠供电。输电运检中心运行班按照中心要求提前部署、积极备战，持续加强线路巡视，全力以赴护航高考，保证供电。保电人员对所辖线路通道进行危险点分析，切实做到线路清障工作全面落实，及时消除安全隐患，为输电线路通道畅通构筑安全可靠的运行环境。对重点交跨塔段和线路进行特巡，对巡视中发现的缺陷、隐患及时处理跟踪，加大输电线路走廊管理力度，保障线路通道的畅通。

（二）优势提炼

结合电网运行情况，提前做好安全分析与预控，进一步加强保电工作组织领导，制定保电方案和应急预案，从组织措施、技术措施、人员保障、后勤供给等方面明确责任，落实到人。

（三）主要做法

根据以往工作经验，认真梳理排查可能存在的薄弱环节，提前完善和细化应急预案，全力做好事故预想，并制订详细的巡视计划，将责任落实到人，有重点、差异化开展电力设施及线路特巡保电工作。

（四）结果评析

坚持"安全第一，预防为主，综合治理"的安全生产工作方针，以安全稳定运行为核心，班组长按照保电工作职责，落实各项保电措施，深入排查治理电网、设备安全隐患，认真做好应急值守工作，确保输电线路安全稳定运行，圆满完成保电工作任务。

【模块小节】

为切实做好保电工作，班组长要立足于保障电网安全可靠运行，保障重要活动期间电网安全可靠运行，强化责任落实，将保电工作落小、落细、落实。

【思考与练习】

1. 保电时应充分考虑哪些重点工作?

2. 若遇到盯防人员离岗情况应如何处理?

3. 保电线路较多的情况下应如何安排班组人员分工?

第二节 组织输电设备巡视

【小节说明】线路巡视是为了经常掌握线路的运行状况，及时发现线路本体、附属设施以及线路保护区出现的缺陷或隐患，近距离对线路进行观测、检查、记录的工作，并为线路检修、维护及状态评价（评估）等提供依据。

【学习目标】根据相关运行规程，组织安排各类巡视工作，并将发现的问题及缺陷总结分类汇总上报。

组织输电设备巡视具体包括以下四个步骤:

第一，编写制订设备巡视计划。

第二，安排常规巡视。

第三，安排特殊巡视。

第四，进行巡视总结汇总上报。

一、制订设备巡视计划

利用每日班前会的形式，针对定期巡视、监查性巡视、状态巡视及检测进行计划制订，并就巡视过程中的重点、危险点等事项与班组成员进行充分交流沟通，使一线巡视人员充分参与到设备巡视计划编制工作中，增加计划的可行性，实施过程中的积极性、安全性、高效性。

二、安排常规巡视

输电班组长应合理安排常规巡视（也称正常巡视），安排专责巡线员按基本固定的周期对线路进行巡视。但为及时发现和掌握线路的变化情况，可根据线路的具体情况，如季节变换、负荷变化或满足特殊需要等进行适当调整。

注意事项： 班组长应向巡视员明确定期巡视应沿线路逐基逐挡进行并实行立体式巡视，不得出现漏点（段），巡视对象包括线路本体、附属设施及线路保护区。当地面巡视无法查清高处的情况时，应采取其他的巡检方式加以补查，如登杆塔检查、无人机精细化巡查等。

三、安排特殊巡视

输电班组长应合理安排特殊巡视，在特殊情况下或根据特殊需要、采用特殊巡视方法进行线路巡视，特殊巡视包括夜间巡视、交叉巡视、登杆塔检查、防外力破坏巡视带电检测等。特殊巡视通常应根据线路运行状态、气候变化、路径特点或遭遇自然灾害、外力破坏等组织线路巡视，没有固定周期。特殊巡视的人员不局限于专责巡线员，巡视的范围视情况可为全线、特定区段或个别组件。

注意事项： 线路发生故障时，不论开关重合是否成功，班组长均应及时组织故障巡视；巡视中巡视人员应将所分担的巡视区段全部巡完，不得中断或漏巡；发现故障点后应及时报告，遇有重大事故应设法保护现场；对引发事故的证物证件应妥为保管设法取回，并对事故现场进行记录、拍摄，以便为事故分析提供证据或参考。

四、巡视总结上报

班组长交代清楚巡视员在线路巡视中，如发现危急缺陷或线路遭到外力破坏等情况，应立即采取措施并向上级有关部门报告，以便尽快予以处理。对巡视中发现的可疑情况或无法认定的缺陷，应及时上报以便组织复查、处理。

注意事项：发现导线弧垂有变化，并可能危及线路或周边安全，而现场又无法进行准确测量，应及时上报。

五、管理案例

【案例 10-2】巡视工作的管理技巧。

（一）背景描述

某地市供电公司输电运检中心运行 A 班未制订巡视计划，出现数次因施工、漂浮物跳闸情况；运行 B 班严格按照巡视计划，虽当月巡视人员巡视线路长度、杆塔基数少于 A 班，但及时发现漂浮物及其他施工情况，未出现跳闸情况。

（二）存在问题

运行 A 班未严格按照规程制订输电线路巡视计划，造成巡视资源的严重浪费，多巡并不代表有效。

（三）问题分析

很多线路并不需要过于频繁地巡视，没必要短期内重复巡视，这样会造成严重的巡视资源浪费。对于投运时间较长的线路，需要短期内进行巡视；而对于刚投运不久的线路，可以适当延长巡视时间。

（四）改进措施和方法

一是严格按照运行规程结合线路实际情况制订巡视计划。
二是针对季节的不同、施工及居民生活区的密集度进行不同风险区段的划分。
三是根据风险区段的具体划分制定针对性的巡视方案。

（五）结果评析

根据 DL/T 741—2019《架空输电线路运行规程》的要求，应结合线路实际情况，明确线路的巡视周期，针对性地制订巡视计划，采取一定的措施做好线路巡视工作，最终保证输电线路的安全稳定运行。

【模块小节】

线路的巡视工作必须贯彻"安全第一，预防为主"的方针。应全面做好线路的巡视，应积极采用先进的技术，实行科学管理，巡视要张弛有度，把握重点，保证线路安全运行。

【思考与练习】

1. 班组长编写制订设备巡视计划时应考虑哪些安全注意事项？
2. 安排常规巡视时，应如何充分保证巡视质量？
3. 安排特殊巡视时与安排常规巡视侧重点有何不同？

第三节　组织输电设备检修

【小节说明】对输电设备进行巡视，可收集线路状态信息，提出检修项目需求。班组长通过检修项目现场勘察、编制方案、分析总结，实施线路检修标准化作业。

【学习目标】根据公司《缺陷分类及处理规程》，组织人员进行输电线路检修，提升设备本质安全。

组织输电设备检修具体包括以下四个步骤：

第一，工作票管理。

第二，开展消缺流程管理。

第三，开展抢修流程管理。

第四，制定应急预案。

一、检修工作票管理

班组长应做好工作票管理，保证带电作业工作票、电力线路第一种工作票、电力线路事故紧急抢修单全部录入安全风险管控平台线上管控；严格执行"月计划、周安排、日管控"制度，坚决消除无计划、超范围作业，禁止随意更改，增减作业计划和作业内容，作业现场督查（现场＋线上）覆盖率100%。

注意事项：检修时，应严格执行工作票和现场勘察制度，工作票由有权签发的项目管理单位（部门）、施工单位或用户单位签发，必要时与用户实行"双签发"。

二、消缺流程管理

班组长应加强消缺全过程管理，协调解决出现的问题；按照"危急缺陷不过夜，严重缺陷不过周"的原则，严格执行"巡视录入—班组一审—中心二审—检修消缺—班组验收—缺陷消除"流程，生成缺陷流转单，完成输电线路缺陷闭环工作。班组长要对缺陷处理的完成率和及时率负主要责任。

注意事项：班组长按期对缺陷库内进行审核的缺陷，按一般缺陷、重大缺陷、紧急缺陷三个级别进行管理，制订作业计划。

三、抢修流程管理

输电班组长应完善抢修预案和流程，健全联系、值班和信息报送流程，建立常备的抢修队伍，编制抢修队员信息表，并根据人员变动情况及时进行更新调整。根据抢修需要，向上级领导申请配置相应的抢修装备以满足各类抢修需求，可结合管辖范围实际情况，落实外协抢修队伍，其资质应满足生产业务外包管理规定要求。

四、制定应急预案

班组长要根据线路的运行特点研究制定不同方式的应急抢修预案，应急抢修预案要经过工区的审定批准，批准后的抢修预案要定期进行演练和完善；应根据事故备品备件管理规定，配备充足的事故备品，抢修工具、照明设备及必要的通信工具，一般不许挪作他用。

注意事项：抢修后，应及时清点补充事故备品备件应按有关规定及本单位的设备特点和运行条件确定种类和数量。事故备品应单独保管，定期检查测试，并确定各类备件轮回更新使用周期和办法。

五、管理案例

【案例 10-3】执行缺陷管理流程。

（一）背景描述

某供电公司输电运检中心检修班严格执行缺陷管理规定，根据接到的"缺陷处理通知单"进行缺陷记录，区分缺陷等级，按照时间节点进行处理，处理完成后将处理结果写在缺陷记录本上，并发至运行人员现场检查验收，完成缺陷消除工作，避免缺陷反复提报，耗费人力物力，缺陷的完成率和及时率远超其他地市公司。

（二）优势提炼

本案例中，线路设备缺陷的消缺管理规范化是提高消缺率的必要保证，缺陷处理流程是"下达—处理—验收"的闭环过程，并以传递"缺陷单"的过程体现，以达到及时准确消除、消缺闭环的目的。

（三）主要做法

班组长督促班员严格执行消缺管理制度，对所有缺陷应根据缺陷性质进行汇总，并按照缺陷管理要求安排消缺计划，完成缺陷的消除闭环工作。

（四）结果评析

输电线路的缺陷管理是一项重要的日常管理工作，缺陷管理水平直接关系到线路的运行管理和设备安全运行。根据近年设备状况变化和管理要求的提高，结合生产实际，必须严格执行缺陷管理制度。

【案例 10-4】提前编写应急预案。

（一）背景描述

某地市 220 千伏某线某杆塔因雨水冲刷形成空洞，导致杆塔倾斜，输电运检中心立刻启动应急预案，在查清故障地点和原因后，准备好抢修物资，立即赶往现场展开抢修工作，快速消除 220 千伏输电线路的倒塌隐患，确保输电线路的安全稳定运行。

（二）优势提炼

本案例中编写的应急预案，充分考虑了 220 千伏线路杆塔因雨水冲刷造成的事故情况，并针对该情况提前准备好备品备件和抢修工器具，随时处理突发故障，随时前往现场开展消缺工作，确保在防汛期间不出现任何影响线路安全运行的问题。

（三）主要做法

通过编制《输电线路防汛应急预案》，开展防汛应急演练，检验防汛应急机制运转、各环节衔接配合、汛期故障标准化抢修、现场安全管控及应急处置能力，做好"防大洪、抢大险、救大灾"的各项前期准备工作，加大应急管理力度，提升应急处置能力，确保电网设备安全可靠运行。

（四）结果评析

根据《国家电网公司应急管理工作规定》的要求，应加强对应急预案的动态管理，及时评估和改进预案内容，不断增强预案的科学性、针对性、实效性和可操作性，提高应急预案的质量。

【模块小节】

班组长应规范消缺流程，做好消缺计划的统筹安排，加强计划管理，对所有缺陷应根据缺陷性质进行汇总，并按照缺陷管理要求安排消缺计划，同时结合检修计划的编制安排消缺工作。

【思考与练习】

1. 输电设备消缺时应怎样做好协同工作？

2. 进行故障抢修时，应如何保证安全高效？

3. 应急抢修人员如不能及时到岗到位（非人员原因），应如何安排抢修工作？

第四节　开展输电设备验收

【小节说明】班组长应加强输电线路改造工程的竣工验收及资料交接管理工作，

消除线路施工建设阶段的缺陷和隐患，保证线路安全可靠投运，依据国家有关法律及国家电网有限公司相关规定、规范，对有关输电线路改造工程验收全过程管理工作。

【学习目标】根据 DL/T 741—2019《架空输电线路运行规程》，组织人员进行输电线路验收，完成验收及新增设备资料收集保存工作。

开展输电设备验收工作具体包括以下四个步骤：

第一，安排编制验收措施。

第二，组织人员验收。

第三，督促整改验收设备的缺陷隐患。

第四，安排资料的收集保存。

一、编制验收措施

班组长接到验收通知后，按照公司《验收管理规定》开展输电线路本体及通道验收措施编制，保证输电线路工程的竣工验收及资料交接工作顺利进行，消除线路施工建设阶段的缺陷和隐患，保证线路安全可靠投运。

二、组织人员验收

班组长应组织人员对输电线路设备实物质量、线路走廊障碍物的处理情况、杆塔固定标志（线路名称、杆塔编号、双回路色标、警示牌、相序牌等）的悬挂情况、应提交的工程相关资料、临时接地线的拆除、遗留问题的处理情况进行验收。

注意事项： 验收后，应出具详细的缺陷检查记录，督促施工单位整改。

三、整改缺陷隐患

对于需要投入运行，但尚存在遗留缺陷的线路，送电后其缺陷由施工单位处理。班组长督促施工单位必须在送电前写出书面承诺，承诺书中要明确处理期限以及制约手段，该承诺书须经生产管理部门和工程建设单位双方签字后，报领导批准。班组长对设备验收质量负责。

注意事项： 凡未经验收合格的线路，不得投入运行，并有权拒绝接收。

四、资料收集保存

班组长要指派专人收集工程竣工的基本图纸、资料，重要跨越检测记录（如 X 光探伤记录），拆除废旧线路手续，杆塔基础施工情况及检查记录，绝缘子使用情况记录，隐蔽工程相关影像资料，杆塔 GPS 定位参数，PMS 台账资料。

注意事项： 经竣工验收合格、资料交接完整、自启动投运 24 小时后无异常的新建、改建线路，该线路的运行维护工作应由运行班组负责。

五、管理案例

【案例 10-5】架空线路的管理流程新做法。

（一）背景描述

某地市公司输电运检中心利用无人机对 220 千伏某线新建输电线路进行验收工作，助力新线路按计划时间完成验收投产送电。

验收过程中，现场操作人员通过无人机对铁塔、金具、导线连接点压接处，接地线、线路安装工艺等关键点开展验收，进行多角度全方位查看、拍照，防止线路"带病"运行，验收人员用电脑再次查看照片确认。通过现场确认和照片查看，验收人员可清晰地了解项目的施工质量和工艺标准是否符合要求，做到销钉级缺陷不放过。两条新建 220 千伏线路的投运不仅优化该地区电网运行方式，同时有效解决了该地区 35~110 千伏线路过载等问题，为迎峰度夏保供电提供强有力保障。

（二）优势提炼

本案例中，利用无人机进行验收视角广、无盲区，能够发现一些因视野、角度问题难以发现的缺陷，同时免除了人工重复登塔，减轻了劳动强度，减小了作业风险。

（三）主要做法

为按时送电，加快工程进度，实行"边建边验收"的验收方式，建好即验好。采用"陆空两视角，人机双结合"验收模式，通过登塔验收与无人机航拍相结合的方式，确保对杆塔构件 360° 无死角检查，不放过一根塔材，不错过一个螺栓。

（四）结果评析

根据 DL/T 741—2019《架空输电线路运行规程》要求，通过无人机与人员登塔验收相结合，进一步提升输电线路项目验收率和精准性，有效提高验收质量，有力夯实保障电网安全稳定运行的基础。

【模块小节】

班组长应确保做好每次验收工作，制定详细的验收计划和工作部署。督促班组成员提前对验收线路进行详细周密的现场勘查，对迁改线路所处地形及周边环境进行摸底，保证验收质量。

【思考与练习】

1. 验收时应收集哪些资料？

2. 若遇到验收不合格时，应如何处理？

3. 验收遗留问题应如何督促整改？

第十一章
管理配电业务

第一节　组织配电设备抢修

【小节说明】为防止和减少配电设备故障对用户影响，保证配电设备应急抢修高效、有序进行，提高配电故障应急处置能力，最大限度地减少配电设备故障造成的损失和影响，结合本地实际，制定本节内容。

【学习目标】根据公司《故障分类及处理规程》，组织人员进行故障处理，确保电网安全稳定运行。

组织配电设备抢修具体包括以下三个步骤：

第一，进行事故分类。故障发生时，根据故障信息反馈及时掌握线路故障类型，即跳闸故障与接地故障。

第二，开展流程管理。根据故障设备类型，组织相应人员进行现场勘查、制定抢修方案、开展配电设备抢修。

第三，安抚停电用户。指派专人对停电小区及企业进行安抚。

一、进行事故分类

根据供电服务指挥系统推送短信，对故障类型进行分析，初步判断线路故障区间，通知故障查找人员进行查找。

二、开展流程管理

（一）组织人员进行现场勘查

针对不同故障类型，组织人员进行故障查找，对查找到的设备故障情况进行情况分析及故障现场危险点勘查。

（二）制定抢修方案

根据现场设备故障情况，组织相应抢修人员，制定抢修方案，开展故障抢修。

（三）验收与评估

指派班组配电运维人员对抢修后设备进行验收，许可送电，将设备运行情况反馈至班长。

三、安抚停电用户

指派专人分组针对停电区域涉及的用电诉求大的小区及企业，开展走访工作，逐户安抚用户。

对用电需求较高的小区及较为重要的用电企业，安排发电车进行临时供电。

指派供电所营业厅人员使用供服系统向停电区域所有用户发送短信，通知安抚用户。

四、管理案例

【案例 11-1】故障查找不全。

（一）背景描述

10 千伏某线发生接地故障，该线 3 开关跳闸，班组长组织若干班组成员查找故障，经查为 23 开关 A 相设备线夹断，现场组织安措与施工更换设备线夹。处理完毕后，发现线路后端仍有接地故障，班组成员继续巡视发现 63 号杆避雷器损坏，将避雷器隔离后全线送电正常。

（二）存在问题

在故障查找与处理过程中，人员分配存在问题。

（三）问题分析

本案例中，因查找到设备线夹故障后人员均投入线夹更换工作中，使得线路后方的避雷器故障发现不及时，最终导致故障查找与抢修时间过长。

（四）改进措施和方法

在线路故障查找阶段，应合理安排人员分工。在查找到疑似故障点后，可安排一名工作负责人及若干工作班成员对该故障点进行处理，其余人员继续对剩余线路可能存在的故障点进行查找，以确保快速查找出全线所有故障点，保证抢修工作快速、有效进行。

（五）结果评析

本案例暴露出组织故障查找及抢修存在的问题，未在故障点全部发现的前提下，只针对一处故障开展配电设备抢修工作。因此，发生接地故障后，要针对全线进行巡视，确保所有故障点尽快查找完毕，以免造成故障处理不彻底的情况，从而优化抢修流程提高抢修效率。

【案例 11-2】"分段摇测 + 巡视核查"查找故障。

（一）背景描述

某 10 千伏某线 3 开关因接地故障跳闸。班组长组织班组成员对故障进行查找，班组成员分为两组，一组对线路进行摇测，另一组对线路进行巡视，配合查找故障点。14 时 55 分，巡视人员发现故障点为 20 支 1 号杆设备线夹断，组织现场更换线夹后，全线送电正常。

（二）优势提炼

故障查找过程中实施"分段摇测 + 巡视核查"的方法对线路故障点进行查找。

（三）主要做法

班组成员分为两组，一组将线路分段开关拉开，对线路进行分段摇测；另一组人员负责线路巡视，根据摇测结果排除正常线路段，集中巡视故障点可能存在的架空段。大幅度提高故障查找效率，缩短接地故障的查找时间。

（四）结果评析

正确高效地组织故障查找与抢修是保证配网可靠供电的重要工作，通过"分段摇测＋巡视核查"以最快速度排除故障点，开展故障设备抢修工作。

【模块小节】

经过本小节的学习班组目标的制定，能够结合单位要求、班组人员实际情况，制定可实施落地的目标及计划。

【思考与练习】

1. 考虑对外停电的影响范围，形成投诉的可能性。

2. 思考临时供电方案。

3. 简述抢修质量要求。

4. 简述应急演练要求。

第二节　开展配电设备验收

【小节说明】 为规范配电运维班组验收工作，提高配电设备的健康水平，规范验收流程，提高验收质量，保证配电设备安全可靠地投入运行，结合本地实际，编制本节。

【学习目标】 根据 Q/GDW1519—2014《配电网运维规程》及配电相关验收规范，组织人员进行配电线路验收，完成验收及新增设备资料收集保存工作。

开展配电设备验收具体包括以下三个步骤：

第一，确定工程验收类别。根据工程验收内容，分类别对验收工作进行安排。

第二，组织人员验收。指派班组成员对工程进行验收，统计现场存在的问题，责令施工单位进行整改，持续跟进问题处理工作，监督整改进度。

第三，验收资料归档。按照公司验收文件格式要求，对工程验收所需材料进行接收、移交，完成资料归档。

一、确定工程验收类别

（一）中间验收

指派配电运维人员进行现场验收，确保现场与批复方案相符、设备与审查后的图纸相符、设备安装与安全符合相关技术规范、施工安装单位资质齐全等。

（二）隐蔽工程验收

指派经验丰富人员对隐蔽工程进行验收。隐蔽工程要严格要求，验收不合格的要及时返工，施工单位须先进行自验，自验合格后方能申请验收。如果未经过隐蔽工程验收，而施工单位将隐蔽工程隐蔽起来的，提出要求时，施工单位负责恢复原来状况。

（三）竣工验收

指派配电运维人员进行现场验收，按照设计图纸及施工要求，对工程质量进行把控。

二、组织人员验收

（一）问题统计

安排班组成员进行现场验收，针对各类型验收问题进行统计整理，形成问题整改清单。

（二）问题监督处理

安排班组成员不定期对提出的整改问题进行整改检查、督促。

（三）工程进度跟踪

安排班组成员针对验收统计的问题清单，逐项跟踪整改进度。

三、验收资料归档

根据验收归档要求，安排人员将竣工报告、工程竣工图、各种试验报告、方案和设计等竣工资料进行资料归档。

四、管理案例

【案例 11-3】更换设备施工前未对设备进行试验验收。

（一）背景描述

某供电公司 10 千伏某线一箱式变压器因运行年限超过 20 年进行了更换，但更换后用户经常出现低电压现象，影响用户正常用电。经多方检查发现，新更换的箱式变压器存在漏油现象，但仍未查清其低电压原因。最终厂家更换为另一台箱式变压器，低电压问题得到了解决。

（二）存在问题

新更换箱式变压器低压侧存在电压过低情况。

（三）问题分析

在更换箱式变压器施工前未对箱式变压器进行全面试验验收，或试验不够全面，造成送电后存在低电压情况。

（四）改进措施和方法

主动持续跟进工程项目，着重注意设备的验收工作，不仅局限于设备安装工艺，更要注重设备投运前的试验项目。

（五）结果评析

【案例 11-4】加强中间过程的验收工作。

（一）背景描述

某供电公司 10 千伏电缆工程中间验收工作中发现电缆直埋深度小于 0.5 米，电缆终端头、中间头、拐弯处未装设标识牌，与其他管线同沟敷设存在交叉和紧贴现象，班组长责令其进行整改。

（二）优势提炼

工程验收中要加强对中间过程的验收工作，要做到发现问题及时整改，避免出现未验收或验收不及时情况对后期送电产生影响。

（三）主要做法

对验收中提出的整改问题，提供书面整改通知书，要求施工单位限期整改，整改项目验收合格后方可送电。对某些剩余工程和缺陷工程，在不影响交付的前提下，施工单位应在竣工验收后的限定时间内完成。工程质量符合要求的，参加验收的各方应在竣工验收证书上签署意见。

【模块小节】

经过本节的学习班组目标的制定，能够结合单位要求、班组成员实际情况，制定可实施落地的目标及计划。

【思考与练习】

1. 根据 Q/GDW1519—2014《配电网运维规程》及配电相关验收规范，组织人员进行输电线路验收。

2. 学习公司运行规程，提升缺陷识别能力。

第三节　开展输电设备保供电工作

【小节说明】班组长在接到保电任务后，根据下达的保电级别合理安排人员、装备和车辆，在保电期间协调好场地、后勤保障、技术维修等方面问题，统计分析保电过程中的发电车运行数据和遇到的各类问题，及时上报和处理，为重要电力用户提供有力的电源支撑，协助公司圆满完成相应等级的保电任务。

【学习目标】学习公司制定的保电流程，掌握保电各环节的关键点及注意事项，圆满完成公司下达的各级别的保电任务。

开展输电设备保供电工作具体包括以下三个步骤：

第一，进行人员及装备管理。及时掌握人员思想状况和保电装备维修保养情况，合理指派保电人员与调配保电装备。

第二，实施保供电流程管理。严格执行公司制定的保电方案，及时反馈运行数据，保障保电装备良好的运行状态。

第三，开展内外协调管理。进行客户、人员、装备、后勤管理等各方面的协调，合理、有效、及时地保障保电任务进行。

一、进行人员及装备管理

（一）人员管理

人员管理包括两方面：

（1）日常管理。结合工会的管理，及时掌握班组成员的家庭状况、身心状况、技术等级提升等情况，充分发挥人员的技术能力和主观能动性，合理匹配人员技术等级和保电任务等级。

（2）现场管理。结合保电等级和地理环境，充分考虑人员的年龄、身体健康、技术能力、应变能力等因素，制定老青结合、经验共享、能力优先的人员搭配模式，杜绝因身体健康、心理因素和技术能力带来的安全隐患。

注意事项： 根据保电方案，进行人员的合理调配与协调，充分考虑保电时段、地理环境、家庭情况等因素，在压实责任的同时保障人员的心理和生理健康，把握安全红线，圆满完成公司下达的任务。

（二）装备管理

根据装备的日常维护数据，结合保电方案、用户设备情况和保电现场地理环境合理调配保电装备，综合考虑容量、外形尺寸、灵活度等因素的匹配性，最大程度发挥装备的优点，保障设备的良好运行，提供可靠的电源持续性。

注意事项： 日常管理维护的缺失将带来设备的带病运行。

二、实施保供电流程管理

接受中心指派的保电任务，依据保电方案的要求合理调派人员和装备，搜集发电机运行数据与各类问题，及时汇总上报相关管理部门。用户重要用电负荷的调配由运检人员进行协调，后勤部门负责值守人员和设备的后勤保障工作，持续为重要电力用户提供有力的电源支撑。

注意事项： 问题汇报的及时性可以消除保电工作的隐患，为及时调整保电方案提供有力支撑。

三、开展内外协调管理

保电工作开始前，班组长需要协调设备的运输、装备停放、负荷匹配、辅助材料等事项。保电工作开始后，需要协调故障维修、意外处理、人员后勤保障、装备燃油保障等事项。保电前后的协调涉及用户、市政、交警等公司外部门，以及运检人员、支撑单位、后勤部门等公司内部流程。

注意事项： 在保电过程中遇到问题时，把控问题的困难度和职责范围尺度，杜绝小事扩大、问题瞒报、越权管理等问题出现。

四、管理案例

【案例 11-5】保电人员情绪变化带来的后果。

（一）背景描述

度夏期间，根据"先复电、后检修"的抢修原则，对于发电车的需求既频繁又迫切，保电班人员将发电车送往停电小区后要及时赶回单位送下一辆发电车，疲劳程度急剧增加。在一个暴雨夜后的第二天，多个小区被迫停电，进行多次发电车派送后，多个小区仍需要发电车支援，保电人员孙某家中也停电一天，孩子摔伤后在医院等着爸爸的呵护，班组长王某没有及时察觉到孙某的心理变化，仍然指派孙某继续护送发电车前往下一个现场。在发电车行驶过程中，由于孙某急切想早点完成任务回家，所以要求驾驶员加速行驶，在一个拐弯时与公交车碰撞，造成发电车破损，未能送往停电小区，未能及时送电。

（二）存在问题

人员管理存在问题。

（三）问题分析

保电人员的心态变化直接影响保电的质量，班组长在进行人员调配的过程中没有及时发现人员心态的变化，或者没有及时了解班组成员的家庭情况，造成了由于班组成员个人的问题影响了保电工作的进行，带来了投诉的可能性。

（四）改进措施和方法

大规模的保电现场支援通常会带来意外情况，班组长应及时进行人员调整和预判，将人员的心理、生理、技术能力进行综合了解和判断，协调好作业的工作强度和时段，对于心态有明显变化的，要及时进行干预和疏导，协调好家庭困难与工作重任的关系，做到双赢。

（五）结果评析

保电工作任务的日益繁重，加剧了人员管理的难度，班组长既要克服人员少、平均年龄大、大部分身体弱等因素，还要及时关注人员心理、生理、环境等影响因素，在任务和管理上寻找平衡。

【案例 11-6】燃油运输的痛点。

（一）背景描述

医院用电的持续性非常重要，尤其是手术期间不能有丝毫差错，6 月的某天，由于某肿瘤医院的供电电缆被外破损坏，造成全院停电，接到该肿瘤医院的保电请求后，保电班班组长根据指示，迅速安排一辆 500 千伏安发电车前往肿瘤医院。接入电缆后，发电车正常启动，逐步对肿瘤医院的重要用电负荷送电，保障了肿瘤医院正常手术和重症监护的用电需求。但接下来的燃油供应问题是持续发电的关键，由于发电车与临时电缆占用空间，医院大量人流被挤压到一个狭窄通道中，在密集的人群中进行加油作业是极其危险的工作。了解到这个情况后，班组长提前协调医院制定分流方案，安排油罐车进出路径和停放位置，在加油时段过程中分时段进行空间隔离，杜绝非作业人员进入加油空间，保障加油作业全过程安全可控。

（二）优势提炼

遇到问题时，及时进行协调沟通，保障工作正常进行。

（三）主要做法

班组长作为内外的协调人员，发现问题、上报问题、解决问题是保电工作中的一项重要工作，及时有效的协调可以避免问题升级、扩散、不可控，保障任务的圆满完成。

（四）结果评析

保电工作涉及面广与复杂，班组作为具体实施主体责任重大，班组长的协调能力尤为重要，对内要协调人员、车辆、装备，对外要协调路线、负荷、地理环境等，每个环节都影响着整个保电任务的完成，如何保障每个环节的正常进行，是班组长面临每次保电过程的考验。

【思考与练习】

1. 班组成员老青搭配的原则是什么？

2. 保电现场发现问题后，如何向上级进行汇报？

3. 班组长对内协调都有哪些方面？

第四节　开展配电车辆装备管理

【小节说明】本节学习的内容为车辆及装备的班组管理，管理内容涉及保养、维修、电气试验、驾驶等方面，管理包括汇总上报、监督检查、任务指派、问题处理等内容，禁止车辆带病投入生产。

【学习目标】合理安排车辆和装备的使用、维修、保养相关方面的工作。

开展配电车辆装备管理具体包括以下三个步骤：

第一，开展后勤管理。将车辆和装备分类管理，进行存放管理、保养管理、维修管理和油料消耗管理。

第二，开展技术管理。进行车辆和装备的维护、报废、更新管理。

第三，开展运输管理。选择发电车辆和装备，搜集地理信息，制定运输方案。

一、开展后勤管理

（一）存放管理

根据用途将车辆和装备进行分类管理，建立台账，制定相应管理规定，设立专职管理员，监督、汇总、分析库房管理过程中存在的问题与不足，解决难题，及时汇报难以解决的困难。

（二）保养管理

根据车辆和装备的特性，制定相应保养周期与措施，及时汇总保养中发现的缺陷与使用过程中产生的破损，按照流程向上级进行汇报。监督规范班组成员完成擦拭、补油、补气、除潮等项目的保养过程。

（三）维修管理

将维修项目分为本部维修、外委维修、返厂维修三类，根据保养和使用过程中发现的缺陷与破损，制定维修计划与建议，按照流程报送部门并配合维修。

（四）油料消耗管理

合理划分车辆和装备的油料消耗类别，制定千米数和工作小时数并行的统计办法，根据成本管理办法进行统计、分析和上报。

注意事项：不合理的后勤管理有可能带来消极的工作情绪以及阻碍工作安排的合理性。

二、开展技术管理

按照常规车辆和特种车辆正确划分车辆和装备种类，依据使用说明和相关的管理规定，制定维护、报废、更新管理规定，组织班组成员进行周期性的擦拭、电气试验、校准、系统更新等工作，配合部门完成特种设备的管理。

注意事项：正确开展技术管理，有助于车辆和装备的全寿命管理，保障现场使用过程中人员和装备的安全。

三、开展运输管理

根据保电现场的地理环境，选择尺寸合适的车辆以及装备，指派能力匹配的驾驶员，协调货车、吊车、拖车等车辆运输保电特种装备，指派人员勘察沿途道路的限高、坡度、门高、转弯半径、停放空间等信息，制定运输方案和保障措施，协调运输时段避免高峰出行。

注意事项： 运输环节中包含及时性、安全性和协调一致性，属于"卡脖子"环节，合理的方案有助于整个保电的顺利进行。

四、管理案例

【案例 11-7】发电车驾驶员干的那些无用功。

（一）背景描述

某日晚，为某高层小区供电的 10 千伏电缆被地产施工项目破坏，停电用户 500 余户，由于该小区属于老旧小区，且紧邻学校，居住人群主要是老年人和学生，对停电非常敏感。接到保电通知后，班组长王某电话通知驾驶员刘某立即驾驶一辆 500 千伏安的发电车前往停电小区，在刘某行驶至距离停电小区 5 分钟车程时，班组长王某再次电话通知刘某，因停电小区空间狭小无法停放大尺寸的发电车，需要更换尺寸较小的拖拽式 400 千伏安发电机，要求刘某立即回单位更换车辆。驾驶员刘某更换货车后拖拽着 400 千伏安发电机再次前往停电小区。虽然发电车的尺寸变小了，但是货车拖拽着发电车需要更大的车辆转弯半径，进入保电场地前，由于小区道路不满足转弯半径的要求，驾驶员刘某只得采取倒车的方式，以极其缓慢的速度将发电机移动到保电位置，其间碰坏了两根路灯杆和部分花坛。最终在距离停电 5 小时后，该小区的照明和电梯恢复了供电。

（二）存在问题

（1）班组长未制定运输方案，盲目指挥，造成发电车中途更换，影响保电时间；

（2）班组长未搜集地理信息，造成保电装备进入保电位置困难。

（三）问题分析

（1）班组长未制定运输方案，未了解用户信息，如发电车容量、停放位置、道路情况等信息，盲目要求驾驶员刘某立即驾驶一辆不知是否匹配的车辆前往现场，中途未考虑时间的合理性，继续盲目指挥，要求驾驶员返回单位更换车辆，未采取其他有效措施进行弥补，导致发电车到达现场的时间大大超出了用户的期望值。

（2）班组长未搜集保电现场地理信息，未协调现场用电检查人员清理通道与障碍物，更换货车拖拽发电机后，未安排助手对驾驶员进行辅助，最终造成两根路灯杆和部分花坛的破损。

（四）改进措施和方法

（1）及时、合理制定运输方案。

（2）合理调派人员。

（3）解决方法：增加临时供电电缆长度，便于适应发电车停放位置的变更与现场的临时应变。

（五）结果评析

现阶段，供电公司的生产车辆由使用班组管理，对于车辆的管理包括存放、维保、燃油、试验、兼职驾驶员等方面的管理职责都由班组承担，班组长由专业管理转变为综合管理。在进行车辆管理过程中，相关的管理内容全部由班组成员完成，但是由于班组成员的车辆管理经验的专业性不足，带来的管理隐患也随之增多。班组长需提升相关能力，既要增加车辆管理的知识，也要统筹考虑班组成员的管理难度的提升，对于车辆的安全管控是管理的难点。

【案例 11-8】照明车的故事。

（一）背景描述

班组管理的照明车使用频率非常低，只有在大型作业现场或重要活动时才可能使用，班组成员对于该车辆日常保养普遍有意见，认为使用频率不高损坏的概率非常低，在使用前检查一遍就行，或者拉长保养周期至半年一次，建议把省下来的精力用于其他特种装备的保养，作为班组的管理者，班组长没有采纳班组成员的意见。照明车的主要功能是为现场提供可靠的大范围照明，对大型作业现场的夜间作业支援力度非常大，保养内容包含启动电瓶、储能电瓶、发电机、液压升降装置、灯泡破损、线路破损等多方面，任何一个方面出现问题都会影响照明车的作用，也可能直接影响大型作业现场或重要活动的开展。为了杜绝车辆或装备带着隐患投入现场作业，班组长按照不常用意味着宜疏忽的思路，加强了照明车和其他不常用车辆、装备的保养力度，同时对于使用频次较高的车辆、装备按照保养与使用同质化的要求，每使用一次即视为一次保养，把"养"与"用"深度结合，既照顾了班组成员的情绪，又保证了生产安全。

（二）优势提炼

作为管理者，班组长保持了清醒头脑，兼顾了班组成员管理和车辆保养工作，创新性地使用了"养"与"用"深度结合的模式解决了保养难题。

（三）主要做法

对于班组成员提出的意见，班组长没有躲避，而是创新性地使用"养"与"用"深度结合的模式解决了保养难题，与原来的保养模式相比，减少了保养精力的投入，针对使用频繁的车辆和装备，在每次作业完成后进行一次保养，保养完成后即入库保存，实现了零过渡的保养办法，杜绝了损坏被遗忘、问题被搁置、暴力使用等问题，既保障了安全，又节约了保养时间与精力。

（四）结果评析

班组的核心业务是公司下达的各项工作任务，是部门完成公司指标所需要的最小管理单元，专业技术的提升是班组的重要目标。现阶段车辆和装备的管理权下放是对班组管理提升的考验，规范化管理包含年审、存放、保养、维修、试验等内容，既有常规保养又有特种装备的特殊维护，班组长的管理越来越多样化，对于综合能力的要求越来越高，新知识、新能力、新技能的补充尤为迫切，所以班组长培训的内容需要多方面、多内容、多层次，按照一专多能的要求进行能力提升。

【模块小节】

通过本节的学习，能够了解车辆及装备的班组管理，管理内容涉及保养、维修、电气试验、驾驶等方面，管理包括汇总上报、监督检查、任务指派、问题处理等内容，禁止车辆带病投入生产。

【思考与练习】

1. 不同功能的车辆，燃油如何统计？
2. 特种车辆种类的划分原则是什么？
3. 简述库房管理的难点。

第 十二 章
开展客户管理

第一节　开展业扩报装管理

【小节说明】开展业扩报装管理是为了更好地贯彻省市公司各项工作要求，深化"三零""三省"办电服务，全面提升"获得电力"服务水平的关键环节。班组长管理内容包括学习宣贯上级业扩报装文件、安排开展业扩报装工作实施、跟踪业扩施工进度、协助施工人员处理疑难问题等。推进班组业扩报装工作，才能更好地提升公司营商环境，促使采集深化应用等各项指标圆满完成，严防业扩报装超时限。

【学习目标】通过本节学习能够正确审核客户业扩报装相关资料，并根据现场勘查制定供电方案，按照相关文件要求，按期高质量完成用户送电工作。

开展业扩报装管理具体分为以下三个步骤：

第一，定期了解／解读上级文件。如学习国家电网有限公司、省电力公司及市供电公司相关部门下发的专业管理文件，如《国网河南省电力公司关于印发深化用电报装改革持续提升"获得电力"水平升级方案的通知》（豫电办〔2021〕125号）等。

第二，人员分工。首先，安排收取资料，注意客户提供资料的准确性和完整性，对于申请资料暂不齐全的客户，实行"容缺受理"。然后，安排人员进行现场勘查，根据班组成员的身体状况和精神状况，以及业务水平，合理安排人员分工，前往现场处理。同时，安排人员根据现场勘查结果制定供电方案，并审核。

第三，业务报装全流程管控。盯紧流程办理时限、业务办理成效、人员服务态度。

一、解读上级文件

上级文件是办理该项业务的依据，只有不断地了解和解读上级文件，才能更好地指导班组成员开展此项工作。同时班组长也可依照上级文件，提前了解并规划年度重点工作。

（一）了解／解读上级文件的流程

接收上级下发文件或参加文件解读培训。

（二）了解／解读上级文件的知识

豫电办〔2021〕125号、豫电营销〔2022〕45号、郑电办〔2022〕172号等文件。

（三）了解／解读上级文件所用工具表

注意不同文件对同一事项规定的不同表述或冲突的部分，并了解产生冲突后以哪个文件作为最终依据。

二、班组人员分工

根据班组成员的身体状况、精神状况、业务水平，合理安排人员分工。

三、业务报装流程管控

收集资料的完整性和正确性，业务办理的时效性和准确性。

四、管理案例

【案例12-1】业扩资料审核把关不严。

（一）背景描述

某日，某供电公司客户反映一个月前在某营业厅申请低压非居民新装业务后，没有工作人员与其联系处理。

（二）存在问题

业务受理人员审核把关不够严格；工作人员未履行"一次性告知"；未及时办理业务或终止流程，造成时限超期。

（三）问题分析

在客户提供的报装资料不准确的情况下，收取了客户资料；发现资料错误，但未及时与客户沟通；发现资料错误，未及时终止流程，造成了业扩报装超时限。

（四）改进措施和方法

工作人员在接待用户时，应严格落实"首问负责制""一次性告知"，做到一口负责、一办到底。对工作人员加强日常培训，提高其工作责任心，熟悉公司相关规定，提高业务技能。完善服务监督机制，由专人负责超时限工作提醒，严防业扩报装超时限。

【模块小节】

通过本节的学习，了解班组在开展业扩报装工作时的班组长管理内容，如何对上级的文件解读、安排班组的人员并管控业扩报装的全流程。

【思考与练习】

1. 业扩报装最新的政策要求有何改动？
2. 业扩报装管理的流程关键点是什么？

第二节 开展电费管理

【小节说明】电费是企业取得合理利润的具体体现，电费管理工作的好坏直接影响到企业经营成效。建立统一、标准的电费管理模式，实施抄、核、收、账的全过程质量管控，全方位提升工作质量和服务创新能力，促进电费管理模式向精益、高效转变。电费管理工作包括异常数据监控消缺、电费抄表发行、营销报表上报、电费稽查工单处理、营销工作支撑等。班组长及时跟进并合理安排各项工作，才能使班员工高效完成工作，确保电费无差错。

【学习目标】根据《国家电网有限公司电费抄核收管理办法》《河南省电力公司

关于印发电费抄核收等 7 项实施细则的通知》等规定加强抄核收全流程管理，按时完成抄表及电费发行工作，及时准确上报报表，确保电费足额回收。

开展电费管理具体包括以下四个步骤：

第一，强化抄表数据规范管理。组织及时通报异常数据，提出整改措施。

第二，组织及时完成电费发行及相关工作。按照省公司业务要求保质保量完成电费发行，准确及时上报报表。

第三，组织开展"专业＋稽查"工作监督。强化稽查与电费专业协同，防范公司电费经营风险。

第四，持续提升电费精益化管理。组织开展电费内控监督工作，做好营销工作的全面支撑工作。

一、强化数据规范管理

组织规范异常处理流程，建立抄表异常数据线上处理机制，实现营销抄表闭环管控方式，在规定时限内进行异常工单核实处置，异常工单处理率达到100%。

（一）及时发布异常电费数据

组织发布"日核日算"失败户数明细，并提醒各营业单位及时自查并消除异常原因。降低正常抄表的异常率，提高自动发行率。

（二）敦促整改异常数据

每日接收省公司下发的异常数据，及时通知相关单位核对采集数据、档案异常等信息，敦促对异常数据进行整改，确保正常抄表数据正确。

二、组织电费发行工作

班组长合理安排人员进行抄表工单进度监控、电费审核发行、应收关账及报表上报，确保按时准确完成当月电费工作。

（一）合理安排各项工作任务

根据班员工的业务能力、每项工作的时间要求及工作的内容合理分配班组工作，做到工作有人接、任务能完成、质量有保证。

（二）抄表工单流程监控

每月从 1 日开始每日组织进行抄表工单流程监控，及时发布工单进度情况，做到按时完成工单，不漏抄。

（三）按时发行电费并上报报表

按照省电力公司的要求组织班组成员按时完成电费发行工作，及时完成应收关账，将审核无误的电费报表发送各部室。

三、开展"专业＋稽查"工作监督

开展电费业务基础管理，强化稽查与电费专业协同，深化专业管理融合，推进专业问题根源治理，发挥营销稽查监督在营销内部的审计监督作用，开创供电服务稽查监督工作新局面。

（一）加强电费稽查监控

组织定期对峰谷时段不准确、力调执行不到位、农业电价、电价执行偏差、基本电费等电费执行热点问题，进行重点核查，形成日常管控。统一执行标准，规避风险。

（二）加强电费稽查监控

组织梳理电费稽查主题，提出专业管控建议和措施；按时完成在线电费稽查工单专业审核环节，审核不合格进行退单处理，确保稽查工单回复内容准确有效。

四、提升电费精益化管理

通过解决基层员工业务难点，提升自动化率及自动准确性，对电费全面发展起到推进作用。

（一）夯实电费业务的前端基础

完善业扩中计量点套减关系、变线损计费信息、功率因数执行标准等计费规则设置标准，在新装、业务变更流程中增设校验规则，确保电费计算准确。

（二）组织档案异常信息监控

根据容量、用电及行业类别、计量关系、电价策略等重要参数分类筛查异常档案，开展营销档案治理，制定解决措施，提升审核效率。

（三）开展需求征集上报工作

协调上级管理部门开通需求研讨渠道，并收集各营业基层单位的需求，组织对需求审核并上报，不断完善营销系统的智能提示功能，提高人工对异常判断的准确性。通过对营销系统各专业电费接口的完善，提升电费发行准确率。

（四）建立电费典型知识库

根据电费中涉及的政策标准、算法标准，结合实际工作中可能出现的各种业务变更情况，建立知识库，有助于业务知识的积累沉淀，班员工业务知识共享，共同学习进步。

五、管理案例

【案例 12-2】打破传统观念，激活班组发展正能量。

（一）背景描述

随着电力市场的发展及自动化水平的不断提升，电费核算班的工作内容也不断发生变化，由传统的电费审核、电价电费管理转变为既是准确及时发行电费的执行班组，又是具有部分电费管理工作职责的管理班组，还是全面支撑电费业务的支撑班组。在这种现状下如何有效分配工作任务？

在传统的工作模式中，注重工作的"平等"性，你干什么我也干什么，班组缺乏进取的工作氛围，人人都在比谁多谁少。临时性工作分配难度较大、工作效率低，甚至出现工作分配不下去的情况。同时，班组面临人员结构老龄化、长期没有新进员工、班组建设梯队断层的问题，与不断发展的新兴业务形成了突出的矛盾。

（二）存在问题

班组工作内容结构发生变化后，工作内容项越来越多，临时性工作日日都有，传统的工作分配模式已不能满足需求，与不断更新的工作方式及内容之间的矛盾日渐凸显，存在愿意干的不一定能干、能干的不一定愿意干的现象。调动大家的积极性，转变传统工作观念迫在眉睫。

班组成员结构老龄化，随着社会及行业的不断发展，不断更新的电费工作内容及模式对业务技能、沟通能力、新型办公方式能力有更高的要求。而老员工的提升空间有限，怎样做到既让大家干，又让大家觉得能干，是需要班组统筹考虑的问题。

（三）问题分析

第一，电费核算班的工作分为电费基础工作、电费管理工作、重点工作。每项工作对员工的要求标准不同。

（1）电费基础工作是班组的基础工作，是每位员工必须掌握的工作技能。

（2）电费管理工作的重点工作是综合管理工作，要做到及时承接工作，分析工作要求，作出二次分配方案，后续持续关注进度，按要求完成工作。要求员工具备业务分析能力、沟通协调能力、总结能力。

（3）工作临时分配，一是承接人没有能力独立完成，二是难度大的工作集中在个别员工身上，会打击其余员工的工作积极性。这样也会影响班组的工作氛围，造成懈怠的工作态度。

第二，班组成员人员结构老龄化，人员逐年减少，工作内容日渐增加造成的矛盾也是班组工作的难点。要想工作干得好，必须提升班组的业务能力，如何提升呢？难点是让员工不排斥学习。同样，工作完成了，怎样让老员工心里有安慰、年轻员工有愿意干的动力？工作用人人都干、干的内容都一样的方式已不能满足工作需求，需要将工作难度、业务能力、绩效相结合统筹考虑，寻找一个全新的工作模式。

（四）改进措施和方法

第一，将核算班整体分为两大工作组，一是电费基础工作，二是支撑管理工作，两大工作组内容相辅相成。

电费基础工作以老员工为主，进行每月固定的电费发行工作，随着自动化率的提高，人员数量逐年减少。

支撑管理工作负责电费抄表数据异常监控、电费抄核流程监控、稽查工单处理、电费精益化管理相关工作。

两大工作组看似独立，实际相互交叉。如电费抄表数据异常监控，随着异常数据的整改，减少了电费异常户数，提升了电费发行率；电费发行过程中发现的异常信息及时反馈管理组，通过管理组进一步分析，查找原因并全口径进行异常数据的排查，从而提高电费自动发行率。

临时性工作全部由管理组承接，在分析后按照工作需要安排电费基础工作组或属地单位进行完成。

班组成员工作内容各有不同，重点不同，主要工作时间也不同，没有直接可比性，但又可区分难易程度。结合班组岗位设置、绩效管理，让大家有主动工作的精神。

第二，以练促培。随着电力市场改革，出现了交易、代理购电、现货交易等新兴电费模式，对计量、调度、采集、核算等都提出了更高的要求。无论从事哪种电费相关工作，都需要不断学习，以提高业务能力，从而满足日渐发展的工作需要。

核算班共有 12 人，35~40 岁 3 人，40~45 岁 2 人，45 岁以上 7 人。人员结构老龄化，用考试、竞赛的方式提升业务能力容易引起排斥心理，效果不佳。结合业务特点及班组成员构成，采用基础工作来巩固和提升业务能力的方式来培训。如每月定期开展基本电费核查，由专人采用随机按户分配，全员参与的方式。相关电费知识所有员工都知道，但是日常工作中不会遇到所有类型，时间长了会对业务标准概念模糊，核对的过程中可"温故而知新"。

（五）结果评析

电费管理工作是一项综合性工作，不仅要熟练掌握《供电营业规则》《国家电网有限公司电费抄核收管理办法》及电力销售价格相关政策等规章制度，还要会分析并组织工作由谁来干、怎么干。要根据电力市场发展的形势学会分析对本职工作的发展影响，从而合理调整班组的业务结构。

【模块小节】

电费是企业取得合理利润的具体体现，电费管理工作的好坏直接影响到企业经营成效。班组建立统一、标准的电费管理模式，实施抄、核、收、账的全过程质量管控，全方位提升工作质量和服务创新能力，促进电费管理模式向精益、高效转变。

【思考与练习】

1. 如何强化班员的自稽查管理?

2. 班组的电费精益化管理还有哪些不足?

第三节 营业厅优质服务管理

【小节说明】供电营业厅作为直接面向电力用户的窗口，其服务质量的高低，直接影响着客户对企业的印象。因此，加强对供电营业厅提升优质服务管理是十分必要的，具体内容包括组织人员定期学习上级文件、合理安排人员受理客户咨询和业务申请、沟通协调解决客户需求、做好优质服务，防止舆情发生。班组长带领班组成员积极培养共同愿景、强化集体意识、实现团队提升，全面改善服务质量，提高客户满意度。

【学习目标】根据 95598 智能知识库、《国网河南省电力公司用电业务办理告知书》《国家电网有限公司供电服务标准》《供电营业厅运营管理规范（试行）》《国网营销部关于执行 95598 业管办法有关事项补充说明的通知》等规定，全面做好客户服务工作，高质量完成营业厅现场客户服务管理及对员工管理等工作，达到贴心的服务效果，建立和谐的客服关系，加强业务能力，提升服务质量，降低服务投诉率。

营业厅优质服务管理具体分为以下四个步骤：

第一，组织人员定期学习上级文件。对需要传达至班组人员的重要文件，及时组织召开培训，认真学习、深刻领会、准确把握精神实质和文件内涵，确保横向到边、纵向到底、不漏一人，最后利用 10 分钟时间请班组成员自由发言，敢于提出疑惑，共同探讨。

第二，合理安排人员受理客户咨询、业务申请。班组长充分利用现有人力、物力资源，合理安排人员受理客户咨询、业务申请，使班组成员认清自己的责任，履行自己的职责，高效高质做好客户服务工作。

第三，沟通协调解决客户需求〔提升沟通协调能力，解决客户合理需求（诉求）〕。当班组成员在工作中遇到问题时，班组长能够及时进行协调处理，在沟通协调的过程中进行知识传递，如教会成员如何快速提升沟通效率，从而加强自身沟通能力的提升。

第四，做好优质服务，防止舆情发生。围绕做好首问负责、提高业务能力、提升服务技巧、强化服务舆情应急处突能力四方面，带领班组做好优质服务，防止舆情发生。

一、学习上级文件

学习国家电网有限公司、省电力公司及市供电公司相关部门下发的针对营业厅有关文件，如《国家电网有限公司供电服务标准》（6 服务项目标准、7 服务人员行为标准）、《供电营业厅运营管理规范（试行）》（第四章服务人员管理、第五章业务受理管理）、《国网营销部关于执行 95598 业管办法有关事项补充说明的通知》（95598 六项业务分类细则，熟练操作 95598 知识库，学习掌握现行电价、供电营业厅网点信息、更名过户业务受理、居民客户自建充电设施新装材料及流程等）、《国网河南省电力公司用电业务办理告知书》（服务时限和环节、用电申请所需资料、投资界面、办电渠道、温馨提示）。每天早上定时开晨会（如 10 分钟），对文件重要内容进行提问抽查，复盘总结，形成常态化管理。为进一步加强学习效果检验，对重要（材料）文件进行测试，通过阶段性考试深入贯彻形势，实时掌握人员的学习状况，激励人员充实自我，提高业务技能，切实让大家重视业务技能水平的重要性。

二、安排受理业务

（一）安排岗位类别

营业厅根据级别，应具备班长、引导员、综合柜员，施行"班长 + 引导员 + 综合柜员"的铁三角模式，强化引导员的服务前端作用，拉近与客户之间的距离，同时针对不同客户做好有序的引导和解释工作。

（二）人员安排方式

实施岗位人员排班制，以轮岗的方式全面提升营业厅人员综合业务水平，根据每月排班计划上岗，并结合人员在岗情况，引导员作为活动岗在柜台人员不足时进行及时补位，确保满足服务需求。注：附排班表。

实施工作岗位 AB 角，A 角为工作主要负责人，当 A 角请假，由 B 角主动顶替完成工作，并切实履行责任。A、B 角不得同时请假。注：附前台工作岗位分配表。

营业厅应安排备班人员，营业期间不允许出现空岗。遇有客户量突增、平均等候时间超过 15 分钟等情况，应及时调配备班人员参与厅内服务。

（三）人员安排要求

在人员储备匮乏的形势下，能够根据现有人员，进行安排分配，既要保证工作成效，又最大化提升班组成员工作能力和个人能力，以满足当下工作需要。

根据每个人性格特点、业务能力综合考量，安排工作岗位 AB 角。

三、解决客户需求

综合柜员："大厅来个客户。情绪很激动，我们解释半天，他还是不认可，说电费交供电公司，又说电费交物业，说有人窃他家电，又说表有问题，咋解释都不认可，情绪非常激动，有舆情风险。"

班组长："客户想解决的诉求是什么？你想表达的是什么？"

反映问题：对方说了很多内容，但倾听者不知道对方想表达的意思。

推进问题快速解决两种方法。

（一）沟通路径越短，达成目的越快

（1）结论先行。原因先行会导致沟通路径太长，缩短沟通路径，需要先说结论再说原因。

（2）一次说完。表达的信息尽量一次说完，节省对方时间，快速解决问题。

（3）准确表述。避免因为再三确认而拉长沟通路径。

（二）推进思维越强，沟通效率越高

（1）守住主题。沟通时，发现对方跑偏，要及时拉回主题。

（2）掌控节奏。需要有主导者控制节奏，能够提醒对方说重点。

（3）最终确定。沟通时，发现对方不爱做决定，要做主动作决定的人。

（4）有利他心。应站在客户的立场上想问题，让客户感受到我们是在帮客户维护利益解决问题，建立起沟通的桥梁，达到沟通的目的。

注意事项：当客户的要求与政策、法律、法规及公司制度相悖时，应向客户耐心解释，争取客户理解，做到有理有节。

四、防止舆情发生

（一）做好首问负责

无论办理业务是否对口，接待人员都要认真倾听、热心引导和快速衔接，对疑难问题不推诿，当场无法解答的，应向客户致歉，告知 4 个工作日内答复，并将客户诉求转派相关处理部门，做好闭环管控。

（二）提高业务能力

建立编、讲、学、考一体化培训体系。编，即编写《新员工入职培训手册》，以营业厅服务常见问题为切入点，以国家电网有限公司 95598 知识库以及实践中总结的问题为基础进行编写，内容分为高中低频业务，以应答方式，突出针对性和实用性；讲，即以师带徒形式讲业务、讲系统操作；学，即每周组织班组人员集中学习文件政策；考，即对员工进行业务考试，综合每次的业务考试成绩和星级评定提升考试，奖励并晋升员工。

（三）提升服务技巧

一是加强对员工的服务意识教育，提高员工服务的主动性，提高客户关注度、亲切度，规范使用服务文明用语；二是规范人员的服务解释口径，业务术语客户化，熟练掌握安抚各类客户情绪激动的技巧，避免发生营业厅投诉；三是利用班前会、周例会，组织学习典型案例，剖析事件中难点、危险点、易错点，归纳整理共性原因，分析研判，确保问题找（得）到有效的应对方法。同时，将典型案例及时整理汇总，在班组全员学习分享，增强知识面，达到处理同类事件不慌张、能稳步合格处理的水平。

（四）强化服务舆情应急处突能力

一是对暴露出的可能引发舆情风险的问题快速做出回应，做到早知、早应、早防、早解决问题，将可能发生的投诉势头制止在萌芽状态；二是制定适合本营业厅服务舆情应急处置预案，实现服务舆情处置的标准化、规范化、制度化。

五、管理案例

【案例 12-3】了解客户负面情绪来源。

（一）背景描述

某日工作人员在柜台接待了一位阿姨，由于欠费未停电，造成三百多元的电费拖欠，阿姨当时很生气，质问为什么你们供电公司不及时采取停电措施？工作人员当时很郁闷，汛情期间，公司保障民生，实施欠费不停电。明明是利民举措，阿姨的情绪反应为什么这么大？

（二）存在问题

作为窗口人员，每天会面对形形色色的客户，遇到情绪激动的客户，习惯会想明明是他（她）的问题，为什么对我嚷嚷！忘记管理自己的情绪，未主动了解客户的负面情绪源自哪里？

（三）改进措施和方法

"换位思考，感悟客户需求；细微服务，超越客户期待。"当我们做服务时，应站在客户的立场上思考问题，了解客户为什么带有情绪？而不是他（她）凭什么这样对我，不要因客户的情绪而影响到自己的情绪。注：插入微课《面对情绪激动的客户，我们该怎么办？》。

【案例 12-4】制定、实施《营业厅绩效奖励细则》《营业厅绩效考核细则》。

（一）背景描述

为进一步提升班组成员服务能力，强化业务素养，使每名成员团结一致，力争做到营业厅百日无投诉。现结合实际情况，制定《营业厅绩效奖励细则》《营业厅绩效考核细则》，使班组管理工作有章可循、有序开展。

（二）创新亮点

实行激励机制、约束机制。鼓励先进，鞭策后进，在班里开展互相学习、你追我赶的活动，充分调动班组人员的主观能动性，对班组做好优质服务管理起到事半功倍的效果。

（三）主要做法

将《营业厅绩效奖励细则》分为主动服务、工作任务、其他事项三大类，每一类进一步细化检查内容，并明确奖励标准，规定确认方式，做到公平、公正，激励班组成员强化大局意识、奉献意识。

将《营业厅绩效考核细则》分类，含服务规范、仪容仪表、服务用语、劳动纪律、工作任务、业务培训、工作替补、通报、投诉、暗访、零容忍。每一类细化检查内容，规定扣分标准，明确抽查方式，激励班组成员强化责任意识、自主意识，促进职工自觉养成自我管理、自我提高、自我成长的良好习惯。

（四）结果评析

1. 以人为本

（1）构建和谐氛围。作为兵头将尾的班组长，要努力营造好班组内部的和谐"小环境"，引导和教育班组成员养成相互尊重、相互团结、互敬互让的习惯。细心地处理好自己与成员、成员与成员之间的关系，才能充分调动和发挥班员工的积极性和创造性，主动承担工作任务。

（2）班组要前进，全班一条心。强化思想教育，树立共同的价值观，增强团队思想共识，特别是要根据班组工作要求，统一思想，明确目标，形成共识，确保同心同向发力。合理分工，人尽其才。增强班组成员的主人翁意识，最大限度地挖掘员工潜能，通过合理分工，人尽其才、物尽其用，有效提高工作质量和工作效率。

2. 队伍素质

（1）筑思想。在日常工作中，善于做好员工的心理疏导工作，善于从员工的"牢骚""怨气"中，及时了解班组人员的思想动态，对班组人员的需求给予帮助和关心，及时采取补救措施，变消极因素为积极因素。定期对班组成员开展一对一谈心，对思想中出现的波动给予疏导避免投诉发生。

（2）强业务。以周例会集中培训、每日班前会提问、自主学习等多种形式开展培训，不仅仅局限于"课堂式"的培训，还可以有计划地将培训内容与业务知识、服务场景融会贯通，以阶段性考试将学习成效与绩效管理相结合，激励班组人员的学习积极性，以精干的业务做好服务质量提升。

（3）开展员工星级评定。制定《营业厅星级评定的标准》，促进成员积极查找自身长处与不足，互相学习取长补短，进一步提高成员的业务能力和服务能力，更好地服务广大电力客户。

（4）提服务。推出"沟通干货"系列微课。将工作中的痛点、难点进行案例拆解分析，用"我说你听，我做你看"简单易懂的方式演绎出来，提升成员的服务能力和沟通技巧。

3.制度建设

俗话说"没有规矩，不成方圆"。结合班组工作的实际情况，制定、完善班组管理标准和规章制度。制定《供电营业厅考勤制度》《营业厅公休、调休实施细则》《营业厅工作计划安排》《营业厅各岗位职责》《前台工作岗位分配》，用标准、制度约束班组成员的行为，规范班组成员的思想和行动，推动各项工作有效落地。组织班组成员学习、贯彻落实，执行时均有据可查、有据可依。有效提升员工工作的积极性，通过班组制定的《营业厅绩效奖励细则》，使好的做法、好的传统得到固化和发扬，弘扬正能量，激发团队成员的责任感、使命感。同时，对于不利于团队目标实现的行动予以强制制止，以制度建设保障团队健康运行，奋力开拓。

【模块小节】

通过本节的学习，能够根据 95598 智能知识库、《国网河南省电力公司用电业务办理告知书》《国家电网有限公司供电服务标准》《供电营业厅运营管理规范（试行）》《国网营销部关于执行 95598 业管办法有关事项补充说明的通知》规定，全面做好客户服务工作，高质量完成营业厅现场客户服务管理、对内员工管理工作，达到贴心的服务效果，建立和谐的客服关系，加强业务能力，提升服务质量，降低服务投诉率。

【思考与练习】

1. 如何合理安排人员受理客户咨询、业务申请？

2. 优质服务的常见舆情有哪些？如何避免？